떡이 있는 풍경

지구문화
JIGU CULTURE

"우리 떡, 김치에 이어 세계화 해야할 전통 음식입니다"

떡과 한과는 우리 민족의 삶과 함께 발전해 온 음식으로 한국인의 정서와 문화가 담겨 있는 음식입니다. 또한 계절에 따라 지방에 따라 맛과 향기와 빛깔이 다양하며 제철에 나오는 재료를 가지고 때와 절기를 맞추어 조리해 먹음으로써 건강을 도모하는 자연식입니다. 우리의 떡과 한과는 그 종류도 많거니와 맛과 영양, 질감과 향을 위한 배합이 과학적이고 영양이 우수하여 세계 어디에 내놓아도 손색이 없는 매우 훌륭한 전통음식입니다. 이렇게 맛과 멋, 영양까지 고루 갖춘 떡과 한과를 현대인들이 좀 더 쉽고 간편하게 즐길 수 있는 방법이 무엇일까 하는 생각으로 이 책을 발간하게 되었습니다.

이 책에는 APEC 정상회담과 청와대 국빈 만찬용, 대한항공 기내식 등으로 개발되어 각종 언론과 매스컴으로부터 큰 관심을 모은 130여 가지의 아름다운 우리 떡과 한과에 관한 다양한 정보들을 수록하였습니다. 푸짐하고 먹음직스러우나 먹기에 좀 불편한 전통 떡의 단점을 보완하고 맛과 시각적인 아름다움을 더한 떡, 만들기 쉬운 떡에서부터 난이도가 높은 떡, 기존의 유명 떡카페에서 판매되고 있는 개발떡과 한과까지 두루 소개하였습니다. 또한 저희 한국전통음식연구소의 오랜 연구 활동과 현장경험에서 얻은 노하우를 통해 얻은 정확한 레시피와 함께 만드는 방법을 사진으로 게재하여 우리 떡과 한과를 좀 더 쉽게 배우고 익힐 수 있도록 하였습니다. 이 책을 잘 활용하면 웬만한 떡과 한과는 가정에서 손쉽게 만들어 즐길 수 있으며 우리 떡을 상품화하는데도 좋은 지침서가 될 것입니다.

저는 이 책을 통하여 우리 떡과 한과가 보다 많이 상품화되고 언제 어느 곳에서나 쉽게 접할 수 있는 대중적인 음식이 되기를 바랍니다. 우리 떡과 한과가 서양의 빵과 케이크, 쿠키보다 여러분의 사랑을 더욱 많이 받아서 김치에 이어 한국을 대표하는 세계적인 음식이 되기를 바라는 마음입니다.
끝으로 이 책이 나오기까지 애써주신 (사)한국전통음식연구소 이명숙 원장님과 사랑하는 연구소의 식구들, 그리고 출판을 맡아주신 지구문화사의 주병오 사장님께 감사의 인사를 드립니다.

갑오년 새봄에

(사)한국전통음식연구소장
(사)대한민국전통음식총연합회장 **윤 숙 자**

(사)한국전통음식연구소장/이학박사 윤 숙 자

- (사)한국전통음식연구소장
- (사)대한민국 전통음식총연합회 회장
- 떡 박물관 관장
- 대한민국 명장(조리부문) 심사위원
- 한국전통식품 명인 심사위원(농 · 식품부)

약 력

- 숙명여자대학교 대학원 식품영양학과 석사
- 단국대학교 대학원 식품영양학과 박사
- 배화여자대학 전통조리학과 교수 역임
- 전국대학조리학과 교수협의회 회장 역임
- 2007 뉴욕 UN본부 한국음식 페스티벌 주최
- 2007 남북정상회담 만찬 자문위원(북한방문)
- 2007~2012 국경일 한식축제 만찬 운영
  (일본, 중국, 태국, 베트남, 프랑스, 영국, 아르헨티나, 헝가리, 사우디아라비아, 이란, 이스라엘)
- 2007 한국농식품수출 기여공로 대통령 훈장 『철탑산업훈장』 수상
- 2008 한국 농 · 식품 홍보대사
- 2006~2008 한국음식조리법 표준화 연구개발사업
- 2007~2010 국외 한식당의 문화적 고품격화 사업(중국, 일본, 홍콩, 베트남, 미국 LA · 뉴욕)
- 2009~2011 영국런던템즈페스티발 축제운영
- 2010~2011 한식 StarChef 양성교육
- 2011 해외 7개도시 한식요리강사 업그레이드 교육
- 2010~2013 해외 한식당 종사자 교육(미국 LA, 뉴욕, 영국, 동경, 파리, 연변, 인도네시아, 뉴질랜드)
- 2014 시간속의 전통주, 봄을 꽃피우다. – 전통주 시음 · 시음회

주요 저서

『한국전통음식 우리맛』, 『한국의 저장 · 발효음식』, 『한국의 떡 · 한과 · 음청류』
『한국의 시절음식』, 『한국의 상차림』, 『Korean Traditional Desserts』, 『韓國の傳統飮食』
『한국음식대관 제 5권(상차림, 기명 · 기구)』, 『통과의례와 우리음식』, 『전통부엌과 우리살림』
조선시대 고조리서 재현 도서 : 『수운잡방』, 『요록』, 『규합총서』, 『증보산림경제』
『 떡이있는 풍경』, 『신바람나는 퓨전떡 만들기』, 『굿모닝김치』, 『알고 먹으면 좋은 우리 식재료』
『아름다운 혼례음식』, 『아름다운 우리술』, 『아름다운 우리차』, 『몸에 약이되는 약선음식 111가지』
『아름다운 한국음식 100선』 : 한국어, 중국어, 일본어, 영어, 불어, 체코어, 스페인어판
『아름다운 한국음식 300선』, 『윤숙자교수의 건강밥상 300선』 외, 『 건강 100세를 위한 효소음식』 외 다수

차례 Contents

치는떡

차례 Contents

지지는떡

삶는떡

Part 3.
윤숙자교수의 쉽고 재미있는 한과 만들기

Part. 1

윤숙자교수가 풀어내는

우리 떡 · 한과 이야기

아름다운 우리 떡 · 한과 이야기
알고 먹으면 좋은 아름다운 떡 · 한과 이야기
자랑스런 떡 · 한과의 우수성 및 세계화 방안
우리 떡 · 한과 맛있게 먹기
떡 · 한과 재료 준비하기
떡 · 한과를 쉽게 만드는 기구
다양한 떡살의 문양과 의미

한국인의 주전부리에서 세계인의 음식으로!

아름다운 우리 떡·한과 이야기

우리나라에서 떡과 과자를 만들어 먹게 된 것은 언제부터일까? 우리 떡과 한과의 종류에는 무엇이 있고 그 모양과 맛과 향은 어떻고 또 만드는 방법은 어떠했을까?
우리 떡과 한과의 뿌리를 밝히고 그 원형의 모습을 찾고자 하는 노력들은 전통의 떡과 한과를 복원하여 현실에 맞게 재창조하고 더욱 발전시켜 나가는 밑거름이라 할 수 있다. 다양한 맛과 모양, 은은한 색과 향을 갖고 있어 세계 어느 나라의 후식과 견주어도 손색이 없는 아름다운 우리 떡과 한과! 이제 그 역사와 유래, 종류와 특성 등을 살펴보자.

1. 아름다운 우리 떡과 한과의 유래

농경의 시작과 더불어 발달한 떡

떡은 곡식을 가루 내어 물과 섞어서 찐 음식을 통틀어 이르는 말로서 흰떡, 시루떡, 인절미, 송편, 화전, 경단 등이 이에 속한다. 우리나라의 떡은 떡을 찌는 용구인 시루의 역사와 같이 한다고 볼 수 있는데, 삼국시대의 고분에서 시루가 출토되고, 고구려 시대의 유적인 황해도 안악 제 3호 고분 벽화에서 시루에 음식을 찌고 있는 모습이 있는 것으로 보아 삼국시대 이전인 농경 전개시기부터 먹었음을 추측할 수 있다.

과일을 대신해 만든 한과

우리나라에서는 전통적으로 내려오는 과자를 가리켜 '한과류(韓果類)' 라고 한다. 본래는 '생과(生果)' 를 대신하여 만든 과일의 대용품이라는 뜻에서 '조과류(造果類)' 또는 '과정류(果飣類)' 라고 하고 우리말로는 '과줄' '과줄' '과즐' 이라고도 한다. 그러다가 외래과자와 구별하기 위해 '한과(韓果)' 라 부르게 되었다. '果' 란 말은 『삼국유사』의 가락국기 수로왕조에 처음 나오는데, 수로왕묘 제수에 '과(果)' 가 쓰였다고 기록되어 있다. 제수로 쓰는 '과(果)' 는 본래 자연의 과일인데, 과일이 없는 계절에는 곡분으로 과일의 형태를 만들고 여기에 과수(果樹)의 가지를 꽂아서 제수로 삼았다고 한다.

2. 맛과 멋이 담긴 떡과 한과의 역사

농경문화, 불교문화와 함께 발달한 떡과 한과

한과류는 농경문화의 발달에 따른 곡물 생산량의 증가와 불교를 숭상하는 풍토에서 오는 육식 기피 문화를 배경으로 신라와 고려시대에 고도로 발달되어 제례, 혼례, 연회 등에 필수적으로 오르는 음식으로 자리 잡았다. 『삼국유사(三國遺事)』〈가락국기(駕洛國記)〉에 제향을 모실 때의 차림음식이 기록되어 있는데 '조정의 뜻을 받들어 세시마다 술, 감주, 떡, 밥, 차, 과실 등 여러 가지를 갖추어 제사를 지냈다' 고 하였다. 이러한 사실들로 미루어 떡과 한과는 제사음식으로도 쓰였음을 알 수 있다. 특히 통일신라시대는 불교를 숭상하여 육식을 절제하고 다과상(茶果床), 진다례(進茶禮), 다정(茶亭)모임 등의 음다(飮茶) 풍습이 성행하였는데, 이때 한과류는 차에 곁들이는 음식으로 만들어져 크게 발달했을 것으로 보인다.

별식으로서 일반에까지 보급된 떡과 한과

고려시대에는 떡과 한과가 한층 발달하여 세시행사와 제사음식 만으로서가 아닌 별식으로서 일반에 이르기까지 널리 보급되었다. 특히 떡을 찌는 기술이 발달하여 떡을 찔 때 꿀물을 내려서 떡이 고르게 잘 익고 탄력성이 커지며 쉽게 굳지 않는 것을 알았고, 다양한 재료를 이용하여 떡을 만들어 먹었으며, 발효떡의 일종인 상화병도 이때 등장하였다. 한과의 경우는 '유밀과(油蜜果)' 가 발달되어 불교행사인 연등회, 팔관회 등 크고 작은 행사에 고임상으로 쌓아 올려졌는데, 『고려사』형법금령에 의하면 유밀과의 성행이 지나

쳐서 곡물, 꿀, 기름 등을 허실함으로써, 물가가 오르고 민생이 말이 아니어 유밀과의 사용을 금지하고 나무열매를 쓰라고 하였으며, 공민왕 2년(1353)에는 유밀과의 사용금지령까지 내렸다고 한다. '다식(茶食)' 도 국가연회에 쓰였으나 유밀과처럼 일반화되지는 않고 국가적 규모의 대연회에서 사용된 것으로 추측된다.

의례음식, 기호식품으로 꽃피운 떡과 한과

조선시대는 불교가 쇠퇴하고 유교가 사회 깊숙이 뿌리를 내리면서 관혼상제 등의 의례와 세시행사가 자리를 잡으면서 궁중에서는 물론 개인의 통과의례를 위한 상차림에 필수적인 음식으로 떡과 한과가 올랐으며, 지금까지도 그 관습이 이어져오고 있다.

따라서 조선시대에는 떡 · 한과에 꽃이나 과일, 향신료, 채소, 한약재 등 다양한 재료를 사용하여 맛을 더하였으며 감미료로 조청, 꿀, 계피, 설탕 등을 이용하여 감미를 더하였다. 또한 치자, 승검초, 오미자 등의 천연 재료를 이용하여 색을 더할 뿐만 아니라 모양도 다양해져 조선시대는 떡과 한과의 전성기였다고 할 수 있다. 떡은 조선시대 궁중과 반가를 중심으로 더욱 사치스럽게 발전하여 떡의 경우 약 198종에 이르렀으며, 한과는 의례음식으로 뿐만 아니라 평상시의 기호품으로도 각광을 받았다. 특히 주악, 편 등의 떡과 약과, 다식 등의 유밀과와 강정류는 잔칫상 차림에 높이 괴어 올리는 것이 관례가 되어 전문기술을 가진 사람과 고임새가 빼어난 사람들이 초빙되어 높이 고여 올렸다고 하니 조선시대 떡과 한과류의 화려함이 어느 정도였는지 알 수 있다.

한국의 떡 · 한과 건강음식으로 세계로 가다!

오랫동안 우리 민족의 사랑을 받아왔던 떡과 한과는 그 우수성에도 불구하고 외국문화의 유입과 외식문화의 발전으로 인하여 패스트푸드, 과자, 빵, 케이크 등 서구 음식에 길들여지면서 점점 명절이나 각종 행사 때 구색을 갖추는 음식 정도로 그 자리를 지켜왔다.

그러나 최근 들어 건강과 자연식에 대한 관심이 높아지면서 대부분 곡류와 천연재료로 만든 우리 떡과 한과에 대한 인식이 달라지고 있다. 따라서 많은 기업과 사람들이 우리 떡과 한과에 잠재된 무한한 가능성을 살려 상품화에 앞장서고 있을 뿐만 아니라, 예쁘고 맛있는 떡을 판매하는 아름다운 떡카페가 인기를 끌고 있다. 특히 맛과 영양 뿐만 아니라 모양까지 아름다운 떡과 한과가 다량 개발됨으로써 국내인 뿐만 아니라 우리나라를 찾은 외국인들로 부터 찬사를 받고 있다.

이제야 비로소 서양의 화려한 음식들에 밀려 외면 받았던 자랑스러운 우리의 떡과 한과를 세계에 알리기 위해 우리 모두 사명감을 가져야 할 때가 아닌가 싶다.

3. 떡 · 한과의 분류와 종류

1) 조리법에 따른 떡의 분류

찌는 떡

찌는 떡은 쌀이나 찹쌀을 물에 담갔다가 가루로 만들어 시루에 안치고 나서 김을 올려 익히는 떡으로 시루떡이라고도 한다. 찌는 떡은 찌는 방법에 따라 다시 설기떡과 켜떡으로 구분하는데 설기떡은 찌는 떡의 가장 기본으로, 멥쌀가루에 물을 내려서 한 덩어리가 되게 찌는 떡이고, 켜떡은 멥쌀이나 찹쌀가루를 시루에 넣고 붉은팥, 거피팥 등의 고물을 켜켜로 얹어 쪄 낸 떡이다. 대표적인 찌는 떡의 종류로는 팥고물시루떡, 콩시루떡, 녹두찰편, 무시루떡, 물호박떡, 잡과병, 백설기, 각색편, 색떡(무지개떡), 송편, 두텁떡, 증편, 약식 등이 있다.

치는 떡

치는 떡은 쌀알이나 쌀가루를 시루에 넣고 찐 다음 절구나 안반 위에 얹고 친 떡으로 흰떡, 절편, 개피떡, 인절미, 단자류 등이 있다.
치는 떡은 주재료에 따라 찹쌀도병과 멥쌀도병으로 구분하는데, 인절미는 찹쌀도병의 대표적인 떡으로 표면에 묻히는 고물의 종류에 따라 팥인절미, 깨인절미 등이 있으며, 섞는 부재료에 따라 쑥인절미, 수리취인절미 등이 있다. 멥쌀도병의 대표 떡으로는 절편을 들 수 있으며, 쌀가루에 섞는 부재료에 따라 쑥절편, 송기절편 등이 있다.

지지는 떡

지지는 떡은 찹쌀가루를 익반죽하여 모양을 만들고 기름에 지진 떡으로 전병, 화전, 주악 등이 있다. 화전은 익반죽한 찹쌀가루를 둥글넓적하게 만든 뒤에 꽃잎을 붙여 기름에 지진 떡으로, 계절에 따라 봄에는 진달래화전, 배꽃전 초여름에는 장미꽃전 가을에는 국화꽃전, 맨드라미꽃전 등이 있다.

삶는 떡

삶는 떡은 찹쌀가루를 익반죽하여 둥글게 빚거나 주악과 약과 모양으로 빚고, 또는 구멍떡으로 만들어서 끓는 물에 삶아 건져서 고물을 묻힌 떡이다. 종류로는 경단(瓊團)류, 잡과병(雜果餠)류, 산약병 등이 있다.

2) 한과의 분류

한과는 만드는 방법이나 쓰는 재료에 따라 크게 유밀과류, 유과류, 다식류, 숙실과류, 정과류, 과편류, 엿강정류 등으로 나눌 수 있다. 조선시대 문헌에 기록된 한과류는 유밀과류 37종, 유과류 68종, 다식류 28종, 전과류 51종, 과편류 11종, 엿강정류 6종, 당류 53종 등 모두 254종류로 다양했음을 알 수 있다.

유밀과류(油蜜果類)

유밀과류는 밀가루를 주재료로 하여 기름과 꿀을 부재료로 섞고 반죽해서 여러 가지 모양으로 빚어 기름에 지진 과자를 일컫는다. 유밀과는 한과 중 가장 대표적인 과자로 흔히 약과로 불려 오늘날까지 이어지고 있으며 우리나라 역사상 가장 사치스러운 고급과자로 꼽힌다. 약과의 종류는 모양과 크기에 따라 대약과, 소약과, 모약과, 다식과, 만두과, 연약과, 매작과, 차수과 등이 있다. 특히 유밀과 중에서 널리 알려져 고려 때부터 최고의 과자로 여겨 중요한 제사음식의 하나였으며 그 명성이 중국에도 자자해 '고려병(高麗餠)' 으로 널리 알려지기도 했다.

고려시대에는 유밀과를 새, 붕어, 과실 등의 모양으로 만들었는데, 조선시대에는 모나게 썰거나 판에 찍어 국화와 같은 모양으로 만들었다. 이러한 변화는 높이 괴어 상에 올리기 편하게 하기 위한 것으로 생각된다.

흔히 고배상(高排床)에는 대약과를 놓고 반과상(飯果床)이나 다과상에는 다식과와 약과, 매작과를 쓰며 웃기로는 만두과를 얹는다. 유밀과 중의 박계류는 밀가루에 소금 간을 하여 높은 온도에서 지진 것으로 대박계, 중박계 등이 있는데 잔치보다 제향음식으로 널리 쓰였다.

유과류(油果類)

유과류는 흔히 강정이라고도 부르는데 강정, 산자, 빈사과, 연사과 등이 이에 속한다. 강정은 찹쌀가루에 술을 넣고 반죽하여 찐 것을 공기가 섞이게 쳐서 크고 작게 잘라 말렸다가 기름에 지져 여러 가지 고물을 입힌 것으로 절식은 물론, 제사, 연회, 차례상에 없어서는 안 될 필수 음식으로 쓰여 왔다. 강정은 모양이나 고물에 따라 이름이 달라지는데 모양에 따라 방울강정, 손가락강정이 있으며, 고물에 따라 깨강정, 계피강정, 잣강정, 송화강정 등으로 부른다. 산자류는 강정 바탕을 네모나게 썰어 튀긴 것으로 밥풀산자, 세반산자, 매화산자, 연사과, 빈사과, 감사과 등이 있다.

연사과는 강정바탕과 똑같이 하여 밀 때 아주 얇게 밀어서 네모지고 조금 길쭉하게 썬다. 이것을 기름에 지져 꿀을 묻히고 고물을 묻힌다. 고물에 따라 홍매화연사, 백매화연사, 백자연사 등 세 가지가 있으며 궁중의 잔칫상에도 이 삼색연사는 빠지지 않았다고 한다. 빈사과는 강정 바탕을 팥알만큼씩 썰어 알맞게 말리거나 강정을 만들고 남은 바탕이나 부서진 것을 모아서 튀기고 엿물로 뭉쳐서 모가 나게 만든 것이다.

다식류(茶食類)

다식류는 볶은 곡식의 가루나 송화가루를 꿀로 반죽하여 다식판에 넣어 찍어낸 것이다. 다식은 원재료의 고유한 맛과 결착제로 쓰는 꿀의 단맛이 잘 조화된 것이 특징이며 혼례상이나 회갑상, 제사상 등 의례상에는 빠지지 않고 등장한다. 다식의 특징은 다식을 찍어내는 다식판의 정교하고 아름다운 문양에 있다. 다식판에 인간의 복을 비는 문자와 꽃문양, 선무늬 등의 전통문양 등을 새겨 넣어 다식의 멋스러움을 더한다. 다식은 재료에 따라 쌀가루로 만든 쌀다식, 밀가루를 노릇하게 볶아서 만든 진말다식, 황률가루를 곱게 하여 만든 황률다식, 흰콩가루나 청태로 하여 쑥빛이 나는 콩다식, 검은깨를 볶아서 찧어 고운체로 쳐서 만든 흑임자다식, 송화가루로 만든 송화다식, 녹두 녹말가루를 오미자 국물에 꿀을 섞어 반죽하여 만든 녹말다식, 여러 가지 곡물가루를 섞어 만든 잡과다식 등이 있다. 그리고 해조류나 어류, 한약재를 이용한 파래다식, 북어다식, 용안육다식 등 그 종류가 다양하다.

숙실과류(熟實果類)

숙실과류는 과실이나 열매를 찌거나 삶아 꿀에 조린 것으로 초(炒)와 란(卵)으로 다시 나뉜다. 초는 과실이나 열매를 통째로 익혀 그 형태가 그대로 유지되게 설탕에 조린 것으로 밤초와 대추초가 유명하다. 란은 과수의 열매를 삶은 뒤 으깨어 설탕이나 꿀에 조린 다음, 다시 과실 본래의 형태와 비슷하게 빚은 것으로 생란, 율란, 조란 등이 있다.

정과류(正果類, 煎果類)

정과류는 비교적 수분이 적은 식물의 뿌리나 줄기, 열매를 살짝 데쳐 설탕물이나 꿀, 또는 조청에 조린 것으로 전과(煎果)라고도 한다. 달짝지근하면서 쫄깃한 정과류에는 연근정과, 생강정과, 행인정과, 동아정과, 수삼정과, 모과정과, 무정과, 귤정과 등이 있다. 이러한 정과는 잔치나 명절, 손님접대 때 꼭 만들어 먹는 과자로 보통 한 가지만 만들지 않고 여러 가지 재료로 각각 꿀이나 조청, 설탕시럽으로 조려서 식힌 후에 꾸덕꾸덕해지면 한 접시에 옆옆이 올려 담아낸다.

과편류(果片類)

과편류는 과실이나 열매를 삶아 거른 즙에 녹말가루를 섞거나 단독으로 설탕이나 꿀을 넣고 조려 엉기게 한 다음 썬 것으로 젤리와 비슷한 과자이다. 재료별로 앵두편, 복분자편, 모과편, 산사편, 살구편, 오미자편 등이 있으며 사과나 배, 복숭아처럼 과육의 색깔이 변하는 것은 잘 쓰지 않는다. 문헌상의 과편 중 가장 많이 소개되어 있는 과편은 앵두편으로 편의 웃기나 생실과의 웃기로 사용된다.

엿강정류

엿강정류는 여러 가지 곡식이나 견과류를 조청 또는 엿물에 버무려 서로 엉기게 한 뒤 반대기를 지어서 약간 굳었을 때 썬 과자이다. 재료는 주로 콩 종류, 흑임자 · 들깨 · 참깨 등의 깨 종류와 땅콩, 잣 등을 주로 쓰고 웃고명으로 잣, 호두, 대추 등을 얹어 모양과 맛을 낸다.

엿은 쌀, 보리, 옥수수, 수수, 고구마 등의 곡물을 가루 내어 얻은 녹말에 보리를 싹 틔워 만든 엿기름을 넣어 당화시켜 조청이 된 것을 더 고아서 만든 당과(糖果)이다. 이 당과에 엿이 굳기 전에 흰깨를 비롯하여 볶은 콩, 볶은 땅콩, 실백 등을 섞어 버무리면 깨엿, 콩엿, 땅콩엿, 잣엿 등 들어가는 종류에 따라 여러 종류로 나뉜다. 그리고 이것을 반대기로 지어 자르면 깨엿강정, 콩엿강정, 잣박산 등이 된다.

알고 먹으면 좋은 아름다운 떡·한과 이야기

꽃놀이와 화전

화전은 찹쌀가루반죽 위에 꽃이나 잎으로 예쁜 무늬를 놓고 기름에 노릇노릇하게 지져 뜨거울 때 꿀물에 재웠다가 먹는 지지는 떡의 한 종류이다.

우리 선조들은 예부터 이른 봄에는 진달래꽃으로 여름에는 황장미꽃과 맨드라미꽃, 양수(陽數)가 겹치는 중양절(음력 9월9일)에는 국화꽃잎으로 화전을 만들어 산과 들의 자연을 즐기며 풍류를 즐겼는데 이를 화전놀이라 한다. 화전놀이는 신분 고하를 막론하고 즐겼는데, 창덕궁에서 가까운 비원에 울긋불긋 진달래가 피면 화사하게 차린 왕비가 궁녀들과 함께 몸소 진달래꽃을 따다 화전을 빚어 새로 다가온 봄을 맞았다고 한다. 즉 화전놀이는 자연과 더불어 함께 생활하며 삶의 멋과 흥을 가꿔가려했던 소박한 선조들의 지혜를 엿볼 수 있다.

누에고치를 닮은 고치떡

고치떡은 전라남도 지방의 향토음식으로 그 생긴 모양이 누에고치와 같다하여 붙여진 이름이다. 고치떡은 절편을 만들 때와 같은 방법으로 쌀을 물에 불려 가루로 빻아 시루에 찐 후, 절구에 넣고 매우 쳐서 흰색, 분홍색, 노랑색, 파랑색 등 색색의 물을 들여서 누에고치 모양으로 빚는다. 이 떡은 이름에서도 알 수 있듯이 전라도 지방의 농가에서 누에를 칠 때 누에가 고치를 실(實)하게 짓기를 기원하고, 그동안 누에치느라 고생한 수고를 서로 위로하며 양잠(養蠶)의 좋은 성과로 비단(실크)을 많이 생산하여 많은 재물(財物)이 들어오기를 바라는 마음이 담긴 떡이라 한다.

고구마로 만든 향긋한 남방감저병(南方甘藷餠)

남방감저병은 쌀가루에 '감저(甘藷 :고구마)'를 섞어 시루에 찐 떡으로, 고구마가 우리나라에 들어올 때 '남방(일본)'에서 들어왔다 하여 '남방감저병'이란 이름을 붙이게 되었다고 한다. 고구마가 우리나라에 들어온 것은 조선조 영조 39년(1763년)으로, 조엄이 일본에 사신으로 갔다 오는 길에 대마도에서 구해 가지고 온 것을 제주도와 부산진에 보내어 재배하게 한 것이 시초가 되었는데, 당시의 사람들에게는 고구마가 신기한 것으로 여겨져, 지체가 높은 사람이나 부자 외에는 감히 맛볼 수 없는 귀물(貴物)로 여겼다고 한다.

옛 고서인『규합총서』에는 "고구마를 껍질째 씻어 말리어 가루 만들어 찰가루에 섞어 떡을 하면 달기가 꿀 섞은 것보다 더하다" 하여 감저병의 맛이 어떠한지 느낄 수 있게 한다. 즉, 고구마를 이용해 만든 남방감저병은 향긋한 단맛과 옛 선조들의 소박함을 느끼게 해주는 떡이다. 최근에는 고구마를 말려 가루 낸 것보다는 고구마를 쪄서 떡을 하는 경우가 더 많아졌다.

구름모양을 닮은 떡 구름떡

구름떡은 썰어서 그릇에 담으면 떡의 단면이 구름의 형상과 같다하여 붙여진 이름이다. 찹쌀가루에 밤, 대추, 호두, 잣, 강낭콩 등을 넣고 계피가루와 팥가루를 섞은 고물을 뿌려 시루에 찐 후, 식힌 뒤 모양을 내어 썬 떡이다.

우리나라 원시신앙에서는 귀신은 입을 통해서 들어간다고 믿었던 것이 일반적인 생각이었다. 따라서 병이 드는 것은 귀신이 몸속에 들어간 탓이므로, 병을 방지하거나 물리치기 위해서는 귀신이 싫어하는 것을 먹음으로써 물리칠 수 있다고 믿었다. 따라서 고사떡에 팥고물을 꼭 쓰는 것이나, 동짓날이나 새로 지은 집으로 이사하고 나서 팥죽을 쑤는 일들이 모두 이러한 이유에서 비롯된 것이다. 구름떡에는 팥 외에도 계피가루가 들어가 계피의 향과 맛이 떡에 가미되어 구름 위를 나는 것 같은 달콤한 느낌을 주며 강낭콩과 밤, 호두, 잣 등 여러 가지 열매들이 함께 듬뿍 들어 있어 맛이 좋고, 영양적으로도 부족함이 없는 훌륭한 떡이다

돌돌 말아서 먹는 빙떡

빙떡은 고운 메밀가루를 묽게 반죽한 뒤에 기름을 두른 번철에 얇게 펴놓고, 가운데에 채 썬 무를 소로 넣고 돌돌 말아서 만든다고 해서 빙떡, 또는 멍석처럼 말아 감는다고 해서 '멍석떡'이라고 하는데 이밖에도 전기떡, 쟁기떡, 연빙 등 여러 다른 이름이 있다.빙떡은 제주도 지방의 별미 떡으로 예부터 제주도 지방의 관혼상제에는 빠놓지 않고 올렸으며, 햇메밀가루가 나오기 시작하는 11월부터 맛볼 수 있었는데, 무채를 살짝 데쳐서 소금과 참기름, 깨소금으로 양념하여 넣고 양념장에 찍어서 먹는 특이한 형태의 떡으로 간단히 치르는 삭망(朔望)이나 상여꾼을 위한 접대용으로 많이 쓰였다. 메밀은 고혈압과 다이어트에 좋은 식품이지만 성분이 차서 설사를 자주 하는 사람이나 속이 냉한 사람에게는 좋지 않은 식품으로 이와 관련한 재미있는 이야기가 있다. 중국 사신이 우리나라에 오면서 메밀 씨앗을 가져왔는데, 우리나라에서는 귀한 것이라 왕과 양반이 즐겨 먹었다고 한다. 하지만 메밀은 성질이 차서, 너무 많이 먹으면 중풍에 걸릴 위험이 있었는데, 사신은 이 사실을 알고 있었지만 이야기하지 않았다. 10년 후 다시 한국에 온 사신은 한국 사람들이 메밀을 즐겨 먹으나 중풍 걸린 사람이 없는 것을 이상하게 생각하던 중 대접받은 메밀국수 위에 곱게 썰어 초에 절인 무가 올려져 있는 것을 보고 깜짝 놀랐다고 한다. 무가 메밀의 찬 기운을 막아주는 역할을 한 것이다. 이 사신은 그때부터 조선 사람을 함부로 대하지 않았다고 한다. 메밀반죽으로 전병을 부치고 무를 양념하여 넣고 돌돌 말아서 먹는 빙떡은 우리 선조들의 지혜를 엿볼 수 있는 떡이라 할 수 있다.

결혼식에 금기된 바람떡

바람떡은 절편을 얇게 밀어 콩고물이나 팥고물로 소를 넣고 반을 접어 바람을 넣어 반달모양으로 찍어 만든 떡으로 본래 개피떡의 다른 이름이다. 예부터 우리 조상들의 구전을 통해 내려오는 삶의 지혜로써, 세상을 살아가는데 필요하거나 알아두어야 할 사항을 간접적으로 알려주는 금기사항이 많다. 떡에도 가려서 올려야 할 떡이 있는데 그것이 곧 바람떡이다. 바람떡은 말랑말랑하고 맛이 좋아 사시사철 즐겨 먹지만 결혼식 잔칫상에는 절대 올려놓지 않는다. 바람떡은 소를 넣고 반달모양으로 만들 때 떡 속에 바람이 많이 들어가도록 만든다고 하여 바람떡이라 부른다. 이 바람떡을 결혼식 날에 만들어 먹게 되면 신랑 신부가 바람이 난다는 속설이 있어 결혼식에는 금기시 되었다. 이것은 반드시 그렇게 된다는 것이 아니라 아마도 떡의 이름이 바람떡이라 혹시 그렇게 될지도 모른다는 우려에서 미리 조심시킨 조상들의 지혜일 것이라 생각된다.

보름달처럼 넉넉한 달떡

달떡은 제주도 지방의 토속성이 담긴 향토음식의 하나로 멥쌀가루를 뜨거운 물로 반죽하여 둥글게 빚고 끓는 물에 삶아내어 둥근 절편을 만들어서 떡살로 눌러 찍어낸 떡이다. 이 떡은 보름달처럼 어두움을 밝게 널리 비추고 둥글게 채우며 잘 살도록 하는 기원이 담겨져 있다.

달떡은 함경도와 평안도 지방에서는 혼례음식으로, 제주도 지방에서는 제사음식으로도 많이 사용하였다. 제주도는 쌀이 매우 귀해 평소에는 메밀로 만든 떡을 많이 먹으며, 쌀로 만든 떡은 명절이나 제사 때만 사용하였다. 따라서 제주도의 달떡은 대개 경사 때인 혼인이나 회갑잔치 때의 큰상에 괴는 떡으로 많이 쓰였는데 달처럼 희고 밝을 뿐만 아니라 둥글고 소박한 것이 특징이어서, 보는 이로 하여금 평안함과 부드러움을 느낄 수 있게 해 준다.

까마귀 젯밥에 얽힌 약식

정월대보름의 절식인 약식(藥食)은 약밥이라고도 하는데, 잔칫상에 빠지지 않고 오르던 음식으로, 밥(주식)에 속하지 않고 떡류에 속한다. 『삼국유사』의 〈사금갑조〉에는 정월 대보름날 찹쌀을 간장으로 까맣게 물들여 밤, 대추, 꿀 등을 넣어 꼬들꼬들하게 쪄서 먹는 약식에 대한 설화가 있다. 신라 소지왕은 재위 10년이 되던 해 천천정(天泉亭)에 나들이 갔는데, 옆에 까마귀와 쥐가 놀고 있었다. 쥐가 사람의 말로 "이 까마귀가 가는 곳을 뒤쫓아 가보라"는 것이 아닌가. 왕은 기이하게 여겨 기사에게 까마귀를 따라가 보게 하니 연못 한 가운데서 노인이 나오더니, 겉봉에 "이 봉투를 열어보면 두 사람이 죽고, 열어보지 않으면 한 사람이 죽는다."고 적힌 봉투를 내주었다. 왕이 황급히 봉투를 떼어보니, 그 안에는 "빨리 금갑(거문고 갑)을 향해 활을 쏘아라"는 글귀가 적혀 있었다. 왕이 이상히 여겨 금갑을 향해 활을 쏘니, 화살을 맞은 금갑에서는 난데없이 붉은 피가 흘러 나왔다. 금갑 안에 내전에서 분향수도 하던 중과 궁주(宮主)가 정을 통한 후 왕을 해치려고 들어가 숨어 있었던 것이다. 까마귀의 은혜로 무사한 왕은 그 후 매년 정월 대보름에 까마귀가 좋아하는 대추와 밤으로 약식을 만들어 먹였다. 그러나 오랜 세월이 지난 후에는 까마귀에게는 주지 않고, 우리나라 어느 곳에서나 만들어 먹는 정월 대보름의 절식이 되었다.

우리나라 말에 꿀을 '藥'이라 하기 때문에 꿀밥을 '약밥(藥食)'이라 하였으며, 꿀을 넣은 과자를 '약과(藥果)'라 하였다. 따라서 약식의 '약(藥)' 자는 병을 고쳐주는 동시에 이로운 음식이라는 개념을 지니고 있다.

칠월칠석날 사랑을 전하는 찰떡

음력 7월 7일은 떨어져 있던 견우와 직녀가 일 년에 한번 만나는 칠월칠석(七月七夕)이다. 칠월칠석 풍습 중에 고대부터 전해 내려온 오랜 풍습인 걸교(乞巧)라는 것이 있는데 여자들이 길쌈을 더 잘 할 수 있도록 직녀성에게 비는 풍속으로 찰떡을 만들어 올린 후 길쌈과 바느질을 잘 할 수 있도록 기원하였다.

이 날 맛있게 찰떡을 만들어 갖고 나온 처녀들은 평소 마음에 드는 마을 총각에게 넌지시 찰떡을 주어 자신의 마음을 전했는데, 칠석날 찰떡은 사랑의 정표로 선남선녀들이 사랑을 키워나가는 계기가 되기도 하였다.

학문이 꽉 차기를 바라는 마음이 담긴 송편

책례(冊禮)는 책거리 또는 책씻이라고도 하며 아이가 서당에서 책 한권을 다 읽어 떼었을 때 행하던 의례로, 예전에는 초급 과정인 『천자문』, 『동몽선습』에서 시작하여 학문이 점점 깊어지고 어려운 책을 한 권 한 권 뗄 때마다 매번 책례를 베풀었다. 이때의 축하음식으로는 국수장국, 송편, 경단 등이 있다.

특히 송편은 깨나 팥, 콩 등으로 소를 꽉 채운 떡이므로 학문도 그렇게 꽉 차라는 뜻으로 빠뜨리지 않았으며, 주로 오색송편이나 꽃떡을 빚었다. 오색송편은 우주 만물을 형성하는 원기와 오행에 근거하여 오미자로 붉은색을 내고 치자로 노란색, 쑥으로 푸른색, 송기로 갈색을 들여 빚어 만물의 조화를 나타냈다. 또한 소를 비운 매화송편을 만들었는데 이는 학문의 증진과 더불어 마음과 뜻을 넓게 가져 바른 인성을 갖추기를 기원하는 의미를 담고 있다.

매화나무에 참새가 앉은 모습이라 하여 붙여진 매작과

매작과는 그 모양이 마치 매화나무에 참새가 앉은 모습과 같다하여 한자로 매화 매(梅), 참새 작(雀)을 써서 매작과라고 하며 매잣과, 매잡과(梅雜菓), 매엽과(梅葉菓), 타래과 등으로도 불린다.

매작과는 기름에 튀긴 후 집청을 하여 만드는 한과로 고소하고 달콤한 맛과 생강과 계피향이 어우러져 독특한 맛과 향을 낼 뿐만 아니라 잣가루를 뿌려 고급스러움을 느낄 수 있는 한과이다. 따라서 매작과는 술안주나 간식용으로 잘 어울리는 과자이며, 차(茶)와 함께 내면 더욱 좋다.

천금채라 불린 상추로 만든 상추떡

예로부터 상추는 삼국시대 때부터 먹어온 역사가 오래된 채소로, 고려시대에 '고려쌈'이라 하여 그것으로 밥을 싸 먹었다는 기록이 있는 것으로 보아, 조상들과 친숙한 채소였음을 알 수 있다. 18세기의 학자 이익이 쓴 『성호사설(星湖僿說)』을 보면 "채소 중에서 잎이 큰 것은 모두 쌈을 싸서 먹는데 그 중 상추쌈을 제일로 친다."는 기록이 나와 있다. 그 만큼 예부터 먹어왔던 것이 상추로 '천금채' 또는 '은근초'라는 속명으로 부르기도 했는데, 그 이름에는 남다른 사연이 숨어 있다.

상추는 우리나라 문헌인 1765년 『해동역사』 〈물산지〉에 청대의 문헌인 『천록여식』을 인용, "고구려 사신이 수나라에 갔을 때 그곳 사람들이 상추 씨앗을 비싸게 사들였기로 천금채라 한다."고 적고 있으며, 『본초강목(本草綱目)』에 따르면 "상추가 신, 곧 정력에 좋다하여 이를 많이 심으면 그 집 마님의 음욕을 간접 시사하는 것으로 상추는 남이 절대로 보지 못하도록 숨겨서 가꾸어 먹는 정력의 채소로 은근초라 부른다."라고 적고 있다.

죽음의 고비 넘긴 축하떡 백설기

흰 백설기는 어린 아이 삼칠일, 백일, 돌, 열 살까지의 생일에 많이 해 먹는데, 그것은 아무 것도 섞지 않은 순수한 것으로 순수무구한 순결과 축원의 뜻이 담겨있다. 우리 선조들은 어린아이가 태어나면 주기(週期)를 정해놓고 떡을 만들어 잔치를 벌였는데, 언제부터 시작되었는지 정확히 알 수는 없지만 지금까지도 이 풍습이 전해 내려오고 있다.

아이를 낳은 지 백일이 되는 날의 백일잔치, 1년이 되는 아이의 첫 생일에 베푸는 돌잔치뿐만 아니라, 태어난 지 한이레, 두이레, 세이레, 1주일 단위로도 떡을 만들어 잔치를 벌였다. 이중 태어난 지 21일째가 되는 세이레는 삼칠일(三七日)이라고도 하였다. 이날에는 깨끗하고 신성한 음식이라고 여겼던 흰 눈 같은 백설기를 잔칫상에 올려놓고 하루가 다르게 자라나는 어린아이의 성장을 온 가족이 모여 반겼다.

1763년경 『성호사설』에서는 "멥쌀가루에 습기를 준 다음, 시루에 넣어 떡이 되도록 오래 익힌다. 이것을 백설기라 한다. 백설기는 시루떡에서 가장 기본이 되는 것으로서, 신성한 의미가 깊은 행사의 필수 음식이었다."고 기록하고 있다.

왕의 탄신일에 빠짐없이 올랐던 두텁떡

두텁떡은 축하 연회가 있을 때 빠지지 않았던 고급 떡으로 왕의 탄신일에 빠짐없이 올랐던 떡이다. 두텁떡은 떡을 시루에 안칠 때 떡의 모양을 작은 보시기 크기로 하나씩 떠낼 수 있게 소복하게 안치므로 봉우리 떡이라고도 하며, 소를 넣고 뚜껑을 덮어 안쳐 그 모양이 그릇 중의 합과 같다는 뜻으로 '합병(盒餠)', 편편히 썰어 먹는 떡이 아니라 도독하게 하나씩 먹는 떡이라는 뜻으로 두터울 후(厚)자가 붙은 '후병(厚餠)'으로도 불리었다.

두텁떡의 가장 큰 특징은 쌀가루에 꿀과 간장으로 간을 하고, 고물은 거피팥 고물에 꿀, 계피가루, 간장 등을 넣고 색과 향을 낸 후 팬에 볶아서 사용하며, 볶은 팥고물에 밤, 대추, 잣을 넣고 꿀로 반죽하여 소를 넣어 찐 떡으로 그 맛과 향이 특별하다.

차마 삼키기 아까울 정도로 맛있다는 석탄병

석탄병(惜呑餠)이라는 떡 이름을 처음 접하는 사람들은 대부분 떡의 색이 검기 때문에 붙여진 이름이라 생각한다. 그러한 예상과는 달리 석탄병이란 이름은 아까울 '석(惜)', 삼킬 '탄(呑)'으로 떡이 차마 삼키기 아까울 정도로 맛이 있다고 하여 붙여진 이름이다. 『규합총서』에는 "수시(水柹)를 껍질 벗겨 말려 가루로 하고 멥쌀가루, 설탕, 귤병, 민감을 얇게 저며 섞고 고물로 잣가루, 계피가루를 섞어 안치고 대추, 황률 삶은 것을 가늘게 채 쳐 잣가루 섞어 위에 가득히 흩고, 백지로 씻은 후에 또 종이를 덮고 다른 가루로 우덮어 찌면, 강렬한 맛이 차마 삼키기 아까운 고로 석탄병이니라."고 적혀있다. 여기서 재료로 사용되는 수시(水柹)란 물이 많고 연하며 맛이 좋은 단감을 말하는 것으로, 단감을 말리면 단맛이 훨씬 강해져서 설탕이 귀하던 옛날에는 단맛이 좋아 차마 먹기가 아까운 떡이라 이름 지어진 것 같다.

힘이 솟구치는 해장떡

해장떡은 찹쌀가루를 찜통에 찐 다음 인절미를 만들 듯이 방망이로 오래 쳐서, 식기 전에 손바닥만 하게 크고 두툼하게 썰어 팥고물을 푸짐하게 입혀 만든 떡이다. 해장떡의 유래로는 옛날 충청북도 중원군의 강변 마을 뱃사람들이 새벽 배 타러 나가기 전에, 아침 식사할 시간도 너무 이르거니와 밥맛도 없어 아침 식사대용으로, 크고 두툼한 해장떡 한조각과 뜨끈뜨끈 한 해장국 한 그릇을 대신하였는데, 이렇게 먹고 나면 배가 부르니 기분도 좋으려니와 힘도 솟구치고, 뱃일에 대한 의욕도 솟구쳤다고 한다. 그래서 뜨거운 해장국과 함께 먹었던 떡이라 해서 해장떡이라 불리게 되었다고 한다.

임서방이 절미한 떡 인절미

인절미는 잔치나 제사 등에 빠지지 않고 오르는 떡으로 인절병(引切餠), 인절미(引截米), 인절병(印切餠) 등으로도 불리는데, 충분히 불린 찹쌀을 밥처럼 찌거나 가루 내어 쪄서 안반이나 절구에 담고 떡메로 쳐서 차지게 만들어 잡아 당겨 끊는 떡이라는 의미에서 생긴 이름이다.

인절미의 이름에 관한 속설로는 조선조 인조 때 이괄이 난을 일으켜 한양이 반란군에게 점령당하자, 인조 임금은 공주의 공산성으로 피란을 갔다. 그곳에서 피란 중인 어느 날, 임씨라는 농부가 찰떡을 해 가지고 임금께 바쳤는데 그 떡 맛이 좋고 처음 먹어보는 떡이라 신하들에게 그 이름을 물었으나 아는 사람이 없어 임금이 친히 떡 이름을 지어 내렸는데, 임서방이 절미한 떡이라 하여 '임절미' 라 한 것이 오늘날 인절미로 바뀌었다는 이야기가 전해진다.

옛날에는 혼례를 마친 신혼부부가 첫날밤에 합환주를 나눌 때 안주로 인절미 하나를 나누어 먹었는데, 이는 부부일심동체의 의미와 "찰떡같이 오래오래 해로(偕老) 하자"는 무언(無言)의 의미가 담겨져 있으며, 시집간 딸이 친정에 왔다가 시집으로 돌아 갈 때면 친정어머니는 '입마개' 떡이라 하여 크게 만든 인절미를 고리짝에 넣어 들려 보냈는데, 이는 시집살이 하는 딸이 아무리 힘들어도 "입을 봉하고 살라"는 교훈이 담겨져 있어 '입마개 떡' 이라고도 하였다. 또한 인절미는 사돈집 식구들에게 며느리가 잘 못하는 일이 있더라도 입을 막고 묵과 해 달라는 뜻이 담긴 예를 갖춘 뇌물성 음식이며, 신랑은 물론 시집식구와 시집간 딸이 빨리 한 가족이 되길 바라는 부모의 마음이 담겨져 있는 떡이다.

약이되는 과자 약과

약과는 밀가루에 꿀을 섞어 반죽한 것을 기름에 튀긴 유밀과의 하나로 우리나라 역사상 가장 사치스러운 고급 과자이다. 약과는 통과의례나 명절, 잔치, 제향(祭享) 때의 필수 음식으로 고려시대 때부터 널리 유행하였으며, 조선시대에는 약과가 대표적인 기호식품으로 자리 잡았다. 『오주연문장전산고』와 『지봉유설』(1613년)의 기록에 의하면 "그 재료인 밀은 춘하추동을 거쳐서 익기 때문에 사시(四時)의 기운을 받아 널리 정(精)이 되고, 꿀은 백약(百藥)의 으뜸이며, 기름은 살충(殺蟲)하고 해독(解讀)하기 때문이다."고 하였으며, 『조선상식』(1948년)에는 "조선에서 만드는 과자 가운데 가장 상품이며, 또 온 정성을 들여 만드는 점에서 세계에 그 짝이 없을 만큼 특색 있는 과자다."고 하였다.

또한 약과는 이익의 『성호사설』(1763년)에 의하면 "여러 가지 과실 모양이나 새의 모양으로 만들었던 것이나, 후일에 높이 고이는 풍습이 생겨나면서 넓적하게 자르게 되었다."고 기록되어 있어 약과의 형태를 추측할 수 있다.

자랑스런 떡 · 한과의 우수성 및 세계화 방안

1) 자랑스러운 우리 떡과 한과

예부터 우리 선조들은 제철에 나오는 재료를 가지고 때와 시절을 맞추어 몸에 유익한 음식을 만들어 이웃과 서로 나눠먹음으로써 영양을 보충하고 상부상조하는 공동체 생활을 다져왔다. 사계절 자연의 영향을 받으며 역사의 변천에 따라 자연스럽게 형성되어 온 우리의 전통음식은 계절과 지방의 독특한 색채가 함께 어우러진 자연식이라 할 수 있다.

이렇게 우리 조상들이 그 고장의 풍토와 계절에 맞는 식품을 생산하여 이를 다양한 조리법으로 만들어 즐겨먹어 왔다는 사실은, 요즈음의 영양학적인 관점에서 보더라도 대단히 과학적이고 합리적임을 알 수 있다. 어디 그 뿐인가? 먹는 것만이 아니라 자연을 보고 즐기고, 그 자연과 함께 하는 멋과 낭만까지 겸하였으니, 선조들의 지혜에 절로 고개가 숙여진다.

흔히들 전통 먹거리 하면 김치, 불고기 등을 떠올리는데 역사적으로 보면 떡과 한과는 훨씬 오래 전부터 우리 민족과 함께 해온 우

수한 전통음식이다. 옛말에 마음에 흡족하게 가졌는데 더 주어서 그 이상 더 바랄 것이 없는 상태를 가리키는 말로 '밥위에 떡' 이라는 속담이 있다. 이렇게 간식이자 밥의 대용식으로, 또 주전부리로 오랫동안 우리 민족의 사랑을 받아왔던 떡과 한과는 서양에서 들어온 빵이나 케이크에 의해 점차 밀려나게 되었으며, 생활환경의 변화로 집에서 떡이나 한과를 직접 만들기보다는 떡집이나 대형마트에서 구입하는 가정이 늘어나고 있다. 그러나 최근 웰빙의 영향으로 전통음식에 대한 관심과 선호도가 증가하여 다시 가정에서 떡이나 한과를 만들어 먹기 위해 전문교육기관을 찾는 사람들이 늘어나고 있으며, 한류의 영향으로 전통 떡과 한과를 배우기 위해 우리나라를 찾는 관광객도 증가하고 있다. 뿐만 아니라 쉽고 간편하게 찔 수 있는 떡과, 6개월간 상온보관이 가능한 레토르트 떡 등 다양한 상품들이 개발되어 우리 떡과 한과의 우수성을 널리 알리고 있다.

2) 우리 떡과 한과의 우수성

첫째, 과학적이고 합리적이다.

주재료에 갖은 기능성 부재료를 혼합하여 맛 뿐 아니라 몸에도 좋은 음식이다. 견과류, 두류, 과일 등 천연 재료를 사용하여 시각적인 아름다움과 함께 고른 영양을 섭취할 수 있다.

둘째, 몸에 약이 된다.

우리 전통음식은 '약식동원(藥食同源)' 또는 '식즉약(食卽藥)' 이라 하여 음식이 곧 약이 된다는 개념을 가지고 있어, 떡이나 한과에 승검초, 계피 등 한약재를 이용하여 건강에 이로운 식품을 사용한다.

셋째, 우리의 정서와 문화가 담겨 있다.

옛말에 '반기를 나누어 도르다', '반기살이' 란 말이 있듯이 잔칫날 떡과 한과, 잔치 음식 등을 나누어 담아 보냄으로써 이웃과 친지들과 정(情)을 나누고 복(福)을 나누었다.

넷째, 맛, 모양, 색, 향이 뛰어나다.

꽃, 새, 수복강녕의 문구 등 다양한 무늬를 떡살과 다식판에 새겨 넣어 만든 떡과 한과는 자연 뿐만 아니라 만든 사람의 마음이 담겨 있는 음식이다. 또한 오미자, 녹차 등 천연재료를 사용하여 자연스럽게 배어 나오는 고운 색과 은은한 향은 시각적인 아름다움과 오감을 즐겁게 한다. 특히 사계절 꽃을 이용하여 떡과 한과를 장식하거나, 밤과 대추 등의 과실이나 열매를 통째로 익혀 자연 그대로의 모양을 살리는가 하면 곱게 으깨어 조린 다음 다시 과실 본래의 모습으로 빚어내기도 해 모양에서도 손끝의 섬세한 멋을 느낄 수 있다.

3) 전통 떡 · 한과의 대중화 · 세계화 방안

우리고유의 떡과 한과를 대중화하고 세계화하기 위해서는 먼저 국내에서 떡의 고급화와 대중화가 이루어져야 할 것이며, 구체적인 방안은 다음과 같다.

첫째, 상품은 크기가 작고 아름다워야 한다.

떡에는 나눔의 의미가 크게 담겨 있어 푸짐한 것을 미덕으로 생각하여 왔으나, 바쁜 현대인들은 작고 아름답고 먹기에 편한 음식을 선호한다. 따라서 한 번에 먹을 분량만큼 작게 포장하여 한입에 들어갈 수 있도록 작고 아름답게 빚어야 한다.

둘째, 고객을 세분화하고 고객의 입맛에 맞는 떡과 한과를 개발해야 한다.

어린이들은 작고 색이 화려하며, 모양이 독특한 떡과 한과를 선호하고, 청소년들은 성장기에 영양이 풍부한 제품을 좋아한다. 그에 반해 성인과 노인들의 경우 몸을 이롭게 하는 기능성 떡과 한과를 선호하며, 바쁜 일상으로 아침식사를 잘 거르는 직장인들은 간편하게 먹을 수 있고 위에 부담이 없는 떡과 한과를 선호한다. 특히 외국인들의 경우 동양인들은 건강기능성이 첨가된 식품을 선호하며, 미국 등의 서양인들은 치아에 달라붙는 찰떡류를 기피하고 멥쌀을 이용한 폭신한 편이나 절편 등을 선호한다.

셋째, 건강 기능성 상품을 개발해야 한다.

떡과 한과는 일상식이 아닌 간식이자 특별식이므로 건강에 관심이 많은 현대인들의 눈길을 끌기 위해서는 인삼, 오미자 등 한방재료와 기능성 식품을 첨가한 떡의 개발이 필요하다.

넷째, 떡과 한과의 우수성과 과학성을 입증하는 연구 자료가 필요하다.

현대인들은 음식의 맛뿐만 아니라 영양학적 가치도 중요하게 생각하므로 우리 음식의 우수성과 과학성을 입증할 수 있는 연구 자료가 필요하다. 또한 전통음식의 우수성에 대한 영양학적 연구와 떡의 노화지연, 산업화 등의 방안에 대한 연구가 심도 있게 지속적으로 이루어져야 한다.

다섯째, 저장성을 개선한 상품개발이 필요하다.

떡은 맛과 영양이 훌륭함에도 불구하고 저장성의 문제로 인하여 해외 수출에 어려움을 겪고 있다. 이를 보완하기 위해 냉동식품, 레토르트식품 등으로 개발되어 시판되고 있으나 전통 떡과 한과의 세계화를 위해 저장성을 향상시킨 상품의 개발이 시급하다.

여섯째, 용기와 포장을 개선해야 한다.

내 · 외국인들에게 한국의 맛과 멋을 전달할 수 있는 포장디자인의 개발과 먹기 편리하고 보관이 쉬운 용기의 개발이 필요하다.

일곱째, 떡 · 한과 이미지의 고급화가 필요하다.

우리 떡과 한과는 소규모 떡집이나 방앗간을 떠올리기 쉽다. 따라서 우리 떡과 한과의 고급화를 위해 한국적인 이미지와 현대적인 감각이 어우러진 인테리어와 포장 등을 고급화함으로써 이미지 개선이 필요하다.

여덟째, 떡 · 한과의 일반화가 필요하다.

요즘에는 떡 · 한과가 특별한 날이나 명절에 먹는 특별식이 되었지만 우리 선조들은 기쁜 일이나 슬픈 일 등 삶의 희로애락을 떡과 함께 하였다. 따라서 이제 우리 떡 · 한과도 특별식이 아닌 일반식으로 자리 잡기 위해서는 아침 대용식으로 개발할 뿐만 아니라 우리의 명절인 설, 추석, 단오, 견우와 직녀의 사랑이야기가 전해지는 칠월칠석 등에 떡 · 한과를 주고받는 새로운 문화를 형성할 필요가 있겠다.

아홉째, 떡 · 한과의 적극적인 홍보가 필요하다.

떡 개발 콘테스트, 떡 박람회 등 우리 떡과 한과를 발전시키기 위한 적극적인 홍보활동이 필요하다. 특히 외국인들이 참여할 수 있도록 외국에서의 홍보행사나 국내 외국인 여행객을 대상으로 한 체험 행사, 교육기관 등을 확대함으로써 한국의 음식문화를 즐기고, 나아가 한국의 역사와 문화를 느낄 수 있도록 해야 한다.

최근 건강에 대한 관심이 고조되면서 한국음식의 우수성을 세계인들이 인정하고 한국음식에 높은 관심을 갖기 시작했다. 이에 우리 떡에 대한 관심도를 높이고 신세대와 외국인 등의 기대에 부응할 수 있는 떡의 새로운 변화가 시도되어야 하겠다. 따라서 '우리 것이 가장 세계적' 이라는 말을 잊지 말고 앞으로 떡 · 한과에 관한 다양한 연구가 계속 이루어지길 기대한다.

우리 떡 · 한과 맛있게 먹기

떡과 한과는 만들어서 바로 먹어야 제 맛이다.

떡과 한과는 만들어서 바로 먹어야 제 맛을 느낄 수 있다. 떡의 경우는 노화가 되면 딱딱해져 식감이 나빠지므로 만들어서 바로 먹는 것이 가장 좋다. 특히 한과는 잘못 보관하면 눅눅해지므로 먹고 남은 떡과 한과는 냉동 보관한다.

떡은 수분을 충분히 주어야 질감이 좋다.

떡은 수분을 적게 주면 딱딱해 지고, 수분을 너무 많이 주면 떡의 씹는 맛이 질겨진다. 그러나 일반 가정은 떡집과 달리 조리기구의 화력이 다르므로 보통의 떡 보다는 수분을 조금 넉넉히 주는 것이 노화가 지연되어 좋다.

설탕 대신 유기농 설탕이나 꿀을 이용하면 떡이 더욱 촉촉하고 건강에도 좋다

일반적인 흰 설탕 대신 유기농 설탕을 사용하면 단맛은 덜하지만 건강에는 좋다. 또한 설탕 보다는 설탕과 물을 1:1로 끓여 만든 시럽이 좋고, 꿀을 넣은 것이 수분 보유력이 좋아서 더욱 촉촉하고, 맛도 좋다.

떡을 좋아하는데 먹고 싶을 때마다 사다 먹는 것이 불편해요.

떡은 몸에는 좋으나 유효기간이 1~2일 정도로 짧은 것이 단점이다. 떡을 먹고 싶을때 마다 대형마트나 떡집을 찾아야 하는 번거로움을 없애기 위해서는 바로 만든 떡을 구입하여 한 번 먹을 만큼씩 포장하여 냉동보관하면 편리하다. 찰떡의 경

우는 실온에서 녹이면 처음과 같이 말랑말랑해지고, 멥쌀떡의 경우는 찜통에 살짝 쪄서 먹거나 실온에 녹여서 랩을 씌워 밥통에 넣어두면 언제든지 처음과 같은 질감의 떡을 맛볼 수 있다. 그밖에 전자레인지에 살짝 데워먹기도 하는데 이때는 바로 먹지 않으면 딱딱하게 굳어버리므로 주의한다.

외국인 친구가 한국의 떡을 가져가고 싶다는데 굳지 않고 가져가서 맛있게 먹을 수 있는 떡이 없을까요?

요즘은 떡 기술이 발달하여 냉동떡 뿐만 아니라 실온에서 6개월 보존이 가능한 레토르트 떡이 시판되고 있다. 전자레인지에 데워 먹는 떡으로, 멥쌀떡, 찹쌀떡, 약식 등 다양한 제품이 판매되고 있다. 또한 가정에서도 쉽게 쪄서 먹을 수 있는 프리믹스 제품이 시판되고 있는데 종이 찜기도 함께 들어있어 국내 뿐만 아니라 외국에서도 바로 찐 떡을 맛볼 수 있다.

냉동실에 보관해둔 떡을 맛있게 먹을 수 있는 방법을 알려주세요.

인절미의 경우는 실온에서 녹이면 바로 만든 것보다 더 쫀득한 맛을 느낄 수 있다. 단 이미 굳은 인절미를 냉동실에 보관했을 경우는 실온에서 녹여도 말랑거리지 않으므로 찜기에 살짝 쪄서 콩가루를 다시 묻혀 먹거나 깨끗한 프라이팬에 구워 먹으면 겉은 바삭하면서도 속은 부드러워 좋다. 가래떡이나 절편 같은 멥쌀떡은 실온에 녹여서 찜통에 살짝 찌거나 끓는 물에 삶아서 참기름을 바르거나 조청에 찍어 먹으면 좋다. 또한 깨끗한 프라이팬이나 석쇠에 구워먹어도 별미이다.

남은 떡으로 만들 수 있는 요리를 알려주세요.

가래떡이나 절편은 먹기 좋게 잘라 매운 떡볶이나 궁중떡볶이, 떡찜으로 만들어 먹으면 별미이다. 또한 떡에 튀김반죽을 묻혀 기름에 튀긴 다음 새콤달콤한 탕수육소스를 뿌려주면 훌륭한 떡 탕수육을 만들 수 있다. 떡탕수육은 씹는 맛이 치즈 같아서 남녀노소 누구나 좋아하며 매운 소스를 만들어서 버무리면 술안주로도 손색이 없다. 또한 스파게티 소스를 넣고 버무리면 훌륭한 떡파스타가 되며, 살짝 튀겨서 설탕시럽에 버무리면 맛있는 떡맛탕을 만들 수 있다.

떡·한과 재료 준비하기

1. 가루 준비하기

멥쌀가루 · 찹쌀가루

① 쌀은 3~4회 깨끗이 씻은 후 물에 8~12시간 담가 놓는다.[사진1]

② 충분히 불려 놓은 쌀은 체에 건져 30분 정도 물기를 빼고 방앗간에서 가루로 빻는다.[사진2]

③ 쌀가루에 분량의 소금을 넣고 체에 내린다.[사진3]

*흑미, 현미 등은 보통의 쌀보다 불리는 시간을 길게 한다.

수수가루

① 수수는 깨끗이 씻어 일어서 물에 5~8시간 정도 불린다.[사진1]

② 불린 수수는 체에 건져 30분 정도 물기를 빼고 방앗간에서 가루로 빻는다.[사진2]

③ 수수가루에 분량의 소금을 넣고 체에 내린다.[사진3]

*차조도 동일하게 한다.

잣가루

① 잣은 고깔을 떼어낸 다음, 젖은 면보로 먼지를 깨끗이 닦는다.[사진1]

② 한지 위에 잣을 놓고 덮은 다음 밀대로 밀어 기름을 뺀다.[사진2]

③ 다시 종이를 바꾸어 깔고 칼날로 곱게 다진다.[사진3]

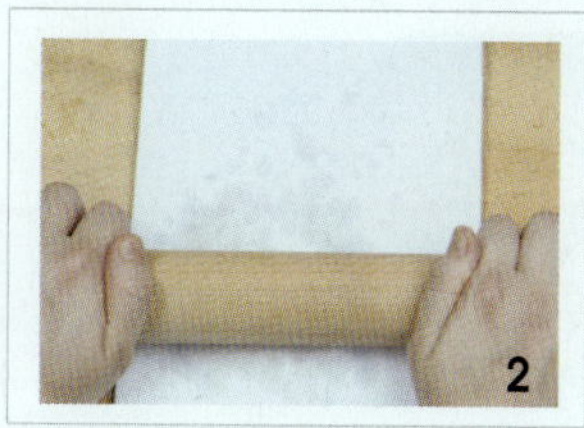

팥가루

① 붉은 팥은 깨끗이 씻어 끓는 물에 넣고 한 번 끓어오르면 물은 따라 버리고, 다시 물을 부어 팥이 무르도록 푹 삶는다.[사진1]

② 삶은 팥은 방망이로 으깬 다음 체에 넣고 내려 껍질은 버린다.[사진2]

③ 내려진 팥물을 고운 면보자기에 넣고 찬물에 여러 번 주물러 헹군 다음 물기를 꼭 짜서 앙금을 만든다.[사진3]

④ 팬에 앙금을 넣고 약불에 볶아서 체에 내려 가루를 만든다.[사진4]

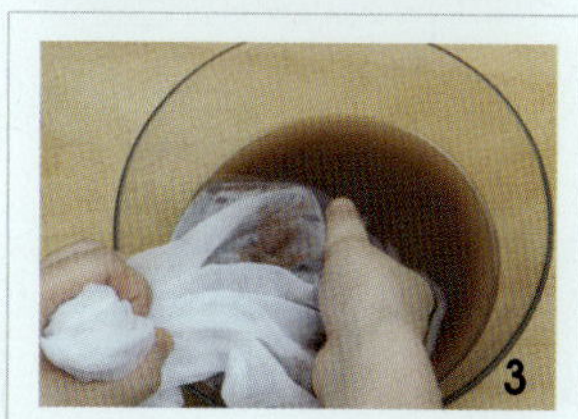

콩가루

① 콩은 깨끗이 씻어 일어서 체에 밭쳐 물기를 뺀다.[사진1]

② 팬을 달구어 불린 콩을 넣고 타지 않게 볶는다.[사진2]

③ 볶은 콩은 분쇄기에 곱게 빻아 체에 내려 가루로 만든다.[사진3]

석이버섯가루

① 석이버섯은 미지근한 물에 불린다.[사진1]

② 불린 석이버섯은 뒷면의 이끼를 깨끗이 비벼 씻는다.[사진2]

③ 불려 씻은 석이버섯은 가운데 돌기를 떼어낸다.[사진3]

④ 손질한 석이버섯은 바싹 말려서, 분쇄기에 곱게 빻아 체에 내려 가루로 만든다.[사진4]

2. 떡고물과 소만들기

붉은팥고물 만들기

① 붉은팥은 깨끗이 씻어 인다.

② 끓는 물에 팥을 넣고 한소끔 끓으면 물을 따라 버리고 다시 찬물을 부어 삶는다.[사진 1.2]

③ 팥이 익으면 낮은 불에서 뜸을 들여 물기를 없앤다.[사진3]

④ 뜨거운 김이 한 김 나가면 소금을 넣어 고루 섞고, 절구에 대강 찧어 팥고물을 만든다.[사진4]

거피팥고물 만들기

① 거피팥은 물에 담가 6시간 이상 충분히 불린 다음 제물에서 손으로 비비거나 표면이 울퉁불퉁한 그릇에 넣고 문질러서 껍질을 벗긴다.[사진1]

② 껍질을 벗긴 거피팥은 물에 헹구어 일고, 체에 밭쳐 물기를 뺀다.

③ 찜기에 면보를 깔고 거피팥을 넣고 고루 펴서 40분 정도 찐다.[사진2]

④ 찐 거피팥은 그릇에 담고 뜨거운 김이 한 김 나가면 소금을 넣어 고루 섞고, 방망이로 찧어 체에 내린다.[사진 3.4]

녹두고물 만들기

① 녹두는 물에 담가 6시간 이상 충분히 불린 다음 제물에서 손으로 비비거나 표면이 울퉁불퉁한 그릇에 넣고 문질러서 껍질을 벗긴다.(사진1]

② 껍질을 벗긴 녹두는 물에 헹구어 일고, 체에 밭쳐 물기를 뺀다.[사진2]

③ 찜기에 면보를 깔고 녹두를 넣고 고루 펴서 40분 정도 찐다.[사진3]

④ 찐 녹두는 그릇에 담고 뜨거운 김이 한 김 나가면 소금을 넣어 고루 섞고, 방망이로 찧어 체에 내린다.[사진4]

1

2

3

4

실깨고물 만들기

① 참깨는 깨끗이 씻어 일어서 2시간 정도 불린다.

② 불린 깨는 표면이 울퉁불퉁한 그릇에 넣고 비벼 껍질을 벗기거나, 믹서에 물과 함께 넣고 순간 작동을 몇 번 눌러 껍질을 벗긴다.[사진1]

③ 물에 뜨는 껍질은 체로 떠서 버리고, 가라앉은 알맹이는 일어서 씻고 체에 밭쳐 물기를 뺀다.[사진2]

④ 깨끗한 팬을 달구어 중불에서 타지 않게 볶고, 깨가 익어서 통통해 지면 불을 끈다.[사진3]

⑤ 실깨로 사용하기도 하며, 한김 식으면 분쇄기에 넣고 곱게 갈아서 가루로 만들어 사용한다.[사진4]

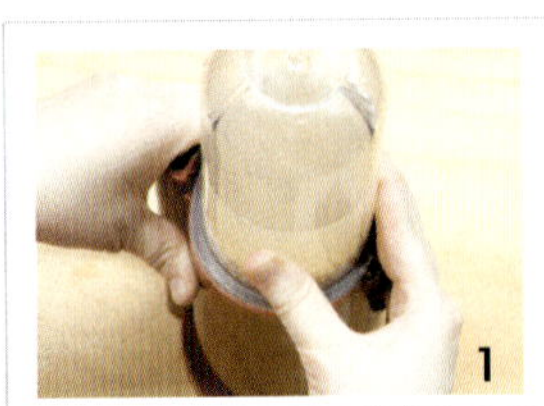
1

2

3

4

흑임자고물 만들기

① 흑임자는 깨끗이 씻어 인다. [사진1]

② 깨끗한 팬을 달구어 흑임자를 넣고 중불에서 타지 않게 볶는다. [사진2]

③ 흑임자는 통으로 사용하기도 하며, 한김 식으면 분쇄기에 넣고 곱게 갈아서 가루로 만들어 사용한다. [사진3]

밤고물 만들기

① 밤은 깨끗이 씻는다. 냄비에 밤과 물을 붓고 삶거나 찜기에 넣고 찐다. [사진1]

② 찐 밤은 꺼내어 따뜻할 때 살만 발라 소금을 넣고 방망이로 찧어 체에 내린다. [사진2]

③ 고물로 사용할 때는 깨끗한 팬에 넣고 살짝 볶아서 수분을 날리고, 소로 사용할 때는 체에 내린 과육에 꿀이나 설탕을 넣고 섞는다. [사진3]

빵고물 만들기

① 시중에 판매하는 카스테라 빵을 구입하여 위의 갈색 부분은 저며 내고 노란 부분만 체에 내린다. [사진1]

② 깨끗한 팬에 체에 내린 빵가루를 넣고 살짝 볶아서 보슬보슬한 빵가루를 만든다. [사진2]

③ 색을 낼 때는 볶은 빵가루가 한김 식으면 녹차가루, 딸기가루, 포도가루 등을 넣고 고루 비벼 만든다. [사진3]

대추고 만들기

① 대추는 깨끗이 씻는다. 냄비에 대추와 물을 붓고 대추가 으깨어지도록 푹 끓인다.[사진1]

② 삶은 대추는 체에 넣고 주걱으로 으깨어 내리고 씨와 껍질은 버린다.[사진2]

③ 대추과육은 냄비에 넣고 설탕이나 꿀을 넣어 농도가 되직해 질 때 까지 졸여서 사용한다.[사진3]

완두앙금 만들기

① 완두콩은 깨끗이 씻어 일어서 체에 밭쳐 물기를 뺀다.[사진1]

② 냄비에 완두콩과 물을 붓고 20분 정도 푹 삶아서 물기를 뺀다.[사진2]

③ 삶은 완두콩은 방망이로 으깨어 체에 내린다.[사진3]

호박앙금 만들기

① 단호박은 씻어서 씨와 과육을 긁어내고, 찜기에 물을 붓고 끓으면 단호박을 넣고 15분 정도 찐다.[사진1]

② 찐 단호박은 과육만 바른다.[사진2]

③ 체에 내린다.[사진3]

3. 떡·한과에 색을 입혀주는 재료들

붉은색

오미자

오미자는 물에 살짝 씻어서 물과 오미자를 동량으로 넣고, 하룻밤 정도 우려낸 뒤 면보에 걸러 사용한다.

비트

비트는 씻어서 껍질을 벗긴 다음 강판에 갈아서 면보에 넣고 즙을 짜서 사용한다.

생딸기, 딸기가루

생딸기는 믹서나 강판에 갈아서 사용하고, 딸기가루는 물에 넣고 섞어서 사용한다.

지초, 복분자

지초는 따뜻한 식용유에 담가 낮은 온도로 끓이면, 자주색의 기름이 만들어진다. 주로 지지는 떡에 사용한다. 복분자는 믹서에 갈아서 사용한다.

노란색

치자

깨끗이 씻어 반으로 쪼개고 미지근한 물에 담가 노란 색의 물이 우러나면 사용한다.

단호박, 송화가루

단호박은 4~8등분하여 씨를 긁어내고 김 오른 찜통에 찐 다음, 노란 속살을 긁어 체에 내려 이용한다. 송화가루는 소나무의 꽃가루로 물이 담긴 그릇에 넣고 물위에 뜨는 가루만을 주걱으로 걷어 한지를 깔고 말려서 사용한다.

보라색

적채

적채는 믹서에 물과 함께 넣고 갈아서 면보로 즙을 짜서 사용하거나 냄비에 소량의 물과 함께 넣고 끓여 보라색이 우러나면 사용한다.

백련초, 자색고구마가루

선인장의 열매로서 믹서에 갈아서 면보에 즙만 짜서 사용하거나 얇게 썰어 말린 다음 곱게 갈아 사용하며, 주로 시판되는 가루를 구입하여 사용한다.

자색 고구마는 얇게 썰어 그늘에 말린 다음 곱게 빻아서 사용한다.

흑미, 포도

흑미를 물에 불려 우려낸 물을 사용하거나, 흑미를 빻아서 체에 내린 다음 쌀가루와 섞어 사용하면 연보라색을 낸다. 포도는 깨끗이 씻어서 알알이 떼어낸 다음 냄비에 넣고 끓여 보라색이 우러나면 면보에 걸러 사용한다. 또는 포도가루나 쥬스를 사용한다.

초록색

쑥

쑥은 소금물에 살짝 데친 다음, 쌀과 함께 빻아서 사용하거나 그늘에서 건조시켜 분마기에 빻아 체에 내려 가루로 사용한다.

시금치, 파래가루

시금치는 깨끗이 다듬어 씻어서 물을 넣고 믹서에 곱게 갈아서 면보에 즙을 짜서 사용한다.

파래가루는 깨끗이 씻어서 그늘에 말리고 절구에 빻아 체에 내려 가루로 만들어 사용한다.

승검초가루, 푸른콩가루

승검초는 한방에서 쓰이는 당귀 잎을 소금물에 살짝 데친 다음, 그늘에 말려 분쇄기에 곱게 빻아 체에 내려 사용한다. 푸른콩은 깨끗이 씻어 일어서 체에 밭쳐 물기를 빼고 팬에 타지 않게 볶아 분쇄기에 곱게 빻아 체에 내려 사용한다.

검정색

석이버섯

석이버섯은 물에 불린 다음 뒷면의 이끼를 깨끗이 비벼 씻고, 가운데 배꼽을 뗀 다음 말려서 분쇄기나 절구에 빻아 체에 내려 사용한다.

흑임자

흑임자는 깨끗이 씻어 일어서 팬에 볶은 다음 분쇄기나 절구에 빻아 체에 내려 사용한다.

갈색

코코아가루, 계피가루

코코아는 시판되는 코코아 가루를 사용한다.

계피를 씻어서 말린 다음 분쇄기에 빻아 사용하거나 계피가루를 구입하여 사용한다.

커피가루

시판되는 가루커피나 커피 엑기스를 구입하여 사용한다.

감가루, 강황가루

감가루는 단감의 껍질을 벗겨내고 심과 씨를 없앤 뒤 얇게 저며 바싹 말린 다음 분쇄기에 빻아 체에 내려 사용한다.

강황가루는 시판되는 강황가루를 사용한다.

푸른색

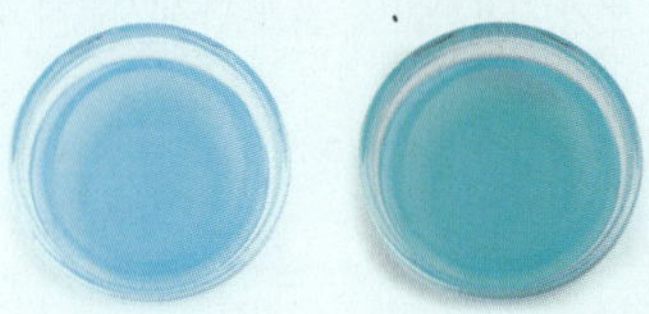

푸른색 음료(파워에이드)

시판되는 푸른색(파워에이드) 음료를 그대로 사용하거나 $\frac{1}{2}$량으로 졸여서 사용한다

4. 고명만들기

대추고명

젖은 면보로 살만 돌려깎아 밀대로 밀어 편 후 돌돌 말아 꽃모양을 내거나 다양한 스테인리스 몰드로 모양내어 고명으로 사용한다.

밤고명

겉껍질과 속껍질을 벗긴 후 채 썰거나 저며 썰어서 다양한 스테인리스 몰드로 모양내어 고명으로 사용한다.

잣

면보로 닦은 후 고깔을 떼고 통잣 그대로 사용하거나, 길이로 반을 갈라 비늘잣으로 사용한다. 또는 가루를 만들어 잣가루로도 사용한다.

호박씨

젖은 면보로 닦은 후 통으로 사용하거나 반으로 갈라 사용하고, 다져서 사용하기도 한다.

호두

따뜻한 물에 담가 불린 후 꼬치로 속껍질을 벗겨 사용하거나, 굵게 다져 사용하고 설탕시럽에 졸여서 사용하기도 한다.

떡고명

멥쌀가루에 덩어리가 지도록 수분을 주어 찜통에 찐 다음 딸기가루, 녹차가루 등의 천연 색소를 넣고 반죽하여 색을 들인다. 색을 들인 반죽은 밀대로 밀어 펴서 동그란 몰드로 찍어 겹친 다음 돌돌 말아서 장미꽃을 만든다. 그밖에 손으로 다양한 모양을 빚어 고명을 만들어 사용하거나 스테인리스 몰드로 찍어서 사용한다.

정과고명

떡과 한과의 고명으로는 박고지정과가 일반적으로 많이 사용되는데, 박고지를 충분히 불린 다음 설탕물에 넣고 중불에 끓여서 투명해지면, 마지막에 꿀을 넣고 살짝 조리고 체에 건져서 남은 엿물을 뺀다. 돌돌 말아서 꽃모양을 내거나 스테인리스 몰드로 찍어서 다양한 고명을 만들어 사용한다. 색을 들일 때는 설탕물에 천연색소를 넣고 섞어서 끓인다. 그밖에 무정과, 도라지정과, 수삼정과, 한약재정과를 이용하기도 한다.

떡·한과를 쉽게 만드는 기구

전통 떡·한과 기구

조리 : 곡류, 두류 등을 씻을 때 돌을 일어 골라내는 기구이다.

체 : 쌀가루, 고물 등을 곱게 만들 때 사용하는 도구로 체의 구멍 크기에 따라 큰 것은 어레미, 중간체, 고운체, 깁체 등으로 나누어진다.

시루 : 떡을 찔 때 사용하는 도구로 바닥에 작은 구멍이 여러 개 뚫려 있다. 떡을 찔 때는 유약을 칠하지 않은 질그릇 시루가 가장 좋다.

채반 : 재료를 널어 말리거나 물기를 뺄 때 사용한다.

절구와 방망이 : 곡식을 찧거나 가루로 빻을 때 또는 찐 떡을 칠 때, 고물을 만들 때 사용하는 도구이다.

안반과 떡메 : 많은 양의 인절미나 흰떡 등과 같이 치는 떡을 만들 때 사용하는 도구로 떡안반 위에 떡 반죽을 올려놓고 떡메로 친다.

현대 떡 · 한과 기구

시루밑 : 떡을 찔 때 시루바닥에 뚫려 있는 구멍을 막아 쌀가루가 밖으로 흐르지 않도록 한다. 요즘에는 실리콘 재질로 만들어져 재사용이 가능하며, 없는 경우 한지를 둥글게 잘라 사용한다.

떡살 : 절편 등의 표면을 눌러 여러 가지 문양을 새길 때 사용하는 도구이다.

강정틀 : 쌀강정 등의 엿강정을 만들 때 사용하는 도구로 강정의 두께와 모양을 일정하게 한다.

스테인리스 틀 : 고명을 모양내어 자르거나 다양한 모양의 떡을 찔 때 사용하는 도구로 크기와 모양이 다양하다.

튀김팬 : 떡이나 한과를 튀길 때 사용한다.

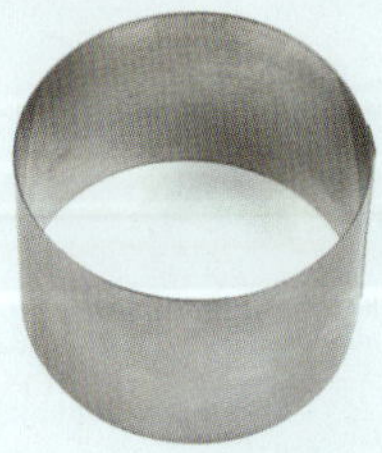

대나무시루 : 대나무로 된 찜기로 가볍고 크기가 다양하며, 떡이 잘 설지 않아 초보자도 사용하기 편리하다.

찜기 : 떡을 찌거나 재료를 찔 때 사용하는 도구이다.

프라이팬 : 화전 등의 지지는 떡을 만들거나 재료를 볶을 때 사용한다.

스크래퍼 : 쌀가루 윗면을 평평하게 하거나 떡을 자를 때 사용한다.

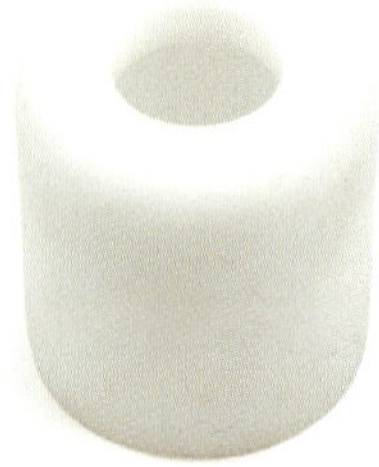

바람떡틀 : 반달모양의 바람떡을 만들 때 사용하는 도구이다.

밀대 : 친 떡을 납작하게 밀어 펴거나 강정, 매작과 등의 반죽을 얇게 밀어 펼 때 사용한다.

과편틀 : 과편을 굳힐 때 사용하는 도구이다.

다식틀 : 다식의 모양을 낼 때 사용하는 도구로 나무 재질과 실리콘 재질 두가지가 있다.

떡가위 : 떡가위는 떡을 자르는 전용 가위로 찬가위라고도 한다. 손잡이가 크고 둥글며 엿가위와 같이 날이 무디고 두꺼워 떡을 자를 때 잘 엉겨 붙지 않는다.

약과틀 : 약과 반죽의 모양을 낼 때 사용하는 도구이다.

증편틀 : 증편을 찔 때 사용하는 도구이다.

스테인리스 볼 : 쌀가루를 섞거나 재료를 섞을 때 사용한다.

양갱틀 : 양갱을 굳히는 틀로 모양이 다양하며, 스테인리스 재질과 실리콘 재질 두가지가 있다.

타이머 : 떡을 찌는 시간이나 한과를 튀기는 시간 등을 맞춰두고 사용하면 편리하다.

면보 : 찜기에 떡을 찌거나 재료를 찔 때 바닥에 까는 도구이다.

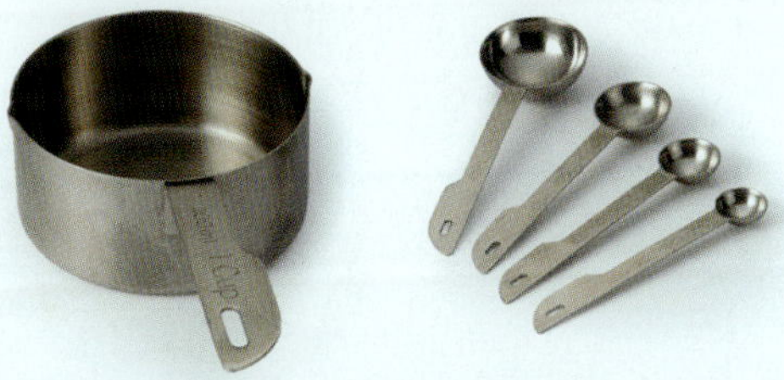

계량컵과 계량스푼 : 재료의 부피를 계량할 때 사용한다.

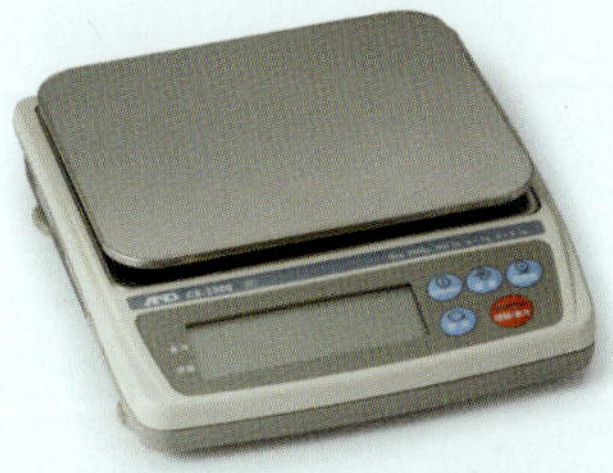

저울 : 재료의 중량을 계량할 때 사용한다.

마지팬 스틱 : 떡으로 만든 고명이나 떡에 모양을 낼 때 사용하면 편리하다.

사각틀 : 구름떡 등의 찰떡을 굳히거나 양갱을 굳힐 때 사용하면 편리하다.

기름솔 : 송편, 절편 등 떡의 표면에 기름을 바를 때 사용한다.

믹서기 : 수분이 있는 재료를 곱게 분쇄할 때 사용한다.

분쇄기 : 수분이 없는 마른 재료를 곱게 분쇄할 때 사용한다.

다양한 떡살의 문양과 의미

떡살은 하나하나 손으로 조각을 한 것으로 문양이 비슷하면서도 다르고, 무늬를 새기는 사람의 기술에 따라서 정교하게 조각된 것도 있고 그렇지 못한 것도 있다. 우리나라 떡살의 문양에는 사(邪)를 물리치고 복(福)을 구하는 벽사기복(辟邪祈福)의 뜻이 내포되어 있어, 각각의 문양이 찍힌 떡을 먹음으로써 벽사기복의 소망을 이루고자 하였다.

1)꽃문양 떡살

국화문양

국화는 높은 절개를 의미하며, 서리를 견디면서 그 모습을 잃지 않는다고 하여 길상(吉相)과 상서의 상징으로도 이용되며 장수의 상징이기도 하다. 동진시대의 시인 도연명이 지조를 굽히기 싫어 관직을 버리고 고향에 돌아와 국화와 소나무를 벗하면서 일생을 보냈다는 일화에서 연유하여 국화는 높은 절개를 의미하며, 서리를 견디면서 그 모습을 잃지 않는다고 하여 길상(吉相)과 상서의 상징으로도 이용된다. 또한 옛날 중국의 주유자라는 사람이 국화를 달여 마시고 신선이 되었다고 하여 장수의 상징이기도 하다.

연꽃문양

연꽃은 예부터 연꽃씨앗의 강한 생명력 때문에 생명의 창조와 번영의 상징으로 애호되었으며, 불교에서는 청결과 순결을 의미하는데, 연꽃은 늪이나 연못의 진흙 속에 뿌리를 내리지만 때 묻지 않은 정결함을 지키는 꽃이기 때문이다.

모란문양

모란은 당나라 측천무후 때 장안에 크게 번성하였다고 하여 번영과 창성, 행복의 상징으로 여겨왔다. 또한 송나라 때 주돈이 당나라 이래로 모란은 꽃 가운데 가장 부귀한 꽃이라고 말한 이후 부귀(富貴)와 길상(吉相)의 상징으로 여겨왔다.

2)기하문양 떡살

선, 십자문양

선무늬는 장수와 해로(偕老)의 상징이며, 십자문양은 수평과 수직이 교차하는 무늬로 음양의 조화를 상징한다.

격자문양

흔히 문살무늬 또는 정(井)자무늬라고도 하는데, 물고기가 그물을 빠져 나갈 수 없듯이 잡귀가 이 망을 통과 할 수 없다는 뜻에서 벽사(辟邪)를 상징한다.

팔괘 · 태극문양

둥근 하늘과 음양의 조화를 통해 풍요와 다산을 상징한다.

원 · 사각문양

동양사상에서 원은 하늘을 뜻하고, 사각은 대지를 뜻하는데, 대지는 만물을 소생시키므로 여성을 의미한다. 따라서 사각무늬는 풍요와 다산을 상징한다.

3) 문자문양 떡살

회(回)자문양

회(回)는 우뢰의 상형문자에서 변형된 것으로, 우뢰는 만물을 길러주는 요소인 데다 그 형상이 끊어지지 않는다는 의미를 지니고 있어 최대의 길상을 상징하는데 사용되었다.

회(回)자 문양

수(壽) · 복(福) · 쌍희(囍)자문양

수(壽), 복(福)자 문양은 조선시대부터 사용된 문양으로 문자 뜻대로 오래 살며 복을 누리기 바라는 뜻이 담겨 있으며, 쌍희(囍)자 문양은 부부가 서로 즐거움을 나눈다는 의미와 천지 음양 화합의 의미가 담겨있다.

수(壽), 복(福)자 문양

복(福), 쌍희(囍)자 문양

4) 동물문양 떡살

새 · 곤충 · 박쥐문양

새는 생명과 풍요를 상징하며 곤충문양 중에서는 나비무늬가 가장 많이 이용되었는데, 기쁨과 행복, 다남(多男)을 상징한다. 박쥐문양은 한자로 '복(蝠)' 이라 표기하는데 '복(福)' 과 음이 같다고 하여 행복을 상징한다. 특히 박쥐 두 마리는 쌍복을 의미하며, 박쥐 다섯 마리는 오복(五福)을 의미한다.

박쥐 문양

물고기문양(잉어, 쏘가리, 메기 등)

물고기는 일반적으로 부귀와 다손(多孫)을 상징하지만, 눈을 뜨고 있기 때문에 근면을 상징하기도 한다. 또한 물고기는 쌍을 이루고 있는 것이 대부분으로 음과 양의 조화와 화합을 의미하기도 하는데, 잉어는 물고기 중 가장 많이 이용되는 문양으로 자손번창과 출세를 상징하며, 쏘가리와 메기는 관직 등용과 출세의 상징으로 이용되었다.

물고기 문양

떡을사오 떡을사 명떡이면 복떡이오

정월 한 달에는 달떡이면 이월 한 달은 수루치떡
삼월 한 달은 쑥떡이오 사월이라고 느티떡이요
오월달이면 수수떡

칠월칠석은 호박떡 팔월 한가위 송편떡
구월이라고 비루떡이 시월상달 무시로떡이오
동짓달에는 새시미면 섣달 한 달은 현떡이로다 ...

떡을사슈 떡을사오 명떡 복떡을 사가시오
이떡을 사잡수시면 만백년 백대천수
부귀공명은 자손장성 ...

떡타령 중에서

Part. 2

윤숙자교수의 예쁘고 맛있는

우리 떡 만들기

사과꽃설기

떡 사이사이에 사과정과를 넣어 사과향기가 가득한 떡이다.

1

2

3

4

재료

멥쌀가루 3컵, 소금 $\frac{1}{4}$큰술
사과 1개, 설탕 3큰술

사과정과 :
사과 $\frac{1}{2}$개
딸기가루물 50g(딸기가루 20g+물 30g)
시금치즙 50g(시금치 30g+물 45g)
설탕 3큰술

만들기

1. 멥쌀가루에 소금을 넣고 체에 내린다.
2. 사과는 씻어서 껍질을 벗기고 $\frac{1}{2}$량은 잘게 썰어서 믹서에 설탕과 함께 넣고 곱게 갈아서 사과즙을 만든다. 나머지 $\frac{1}{2}$량은 두께 0.2cm 정도로 반달모양으로 썰어서 채반에 올려 하루 정도 말린다. [사진 1]
3. 시금치는 씻어서 잘게 썰어 물과 함께 믹서에 넣고 곱게 갈아서 시금치즙을 만든다.
4. 사과정과용 사과는 두께 0.2cm 정도로 반달모양으로 썰고, 2등분 하여 각각 딸기가루 물과 시금치 즙에 10분 정도 담가 색을 들인 다음 채반에 펴서 설탕을 고루 뿌려 이틀 정도 말리고 폭 2cm 정도로 썬다. [사진 2]
5. 냄비에 사과즙을 넣고 센불에 올려 끓으면 중불로 낮추어 3분 정도 끓여 식힌 다음 멥쌀가루에 넣어 고루 비벼 섞고, 다시 한 번 체에 내린 다음 3등분 한다.
6. 대나무 찜기에 시루밑을 깔고, 쌀가루의 $\frac{1}{3}$량을 넣고 수평으로 평평하게 한 다음 말린사과를 고루 펴서 놓는다. 그 위에 다시 쌀가루와 말린사과, 쌀가루 순으로 켜켜이 넣고 수평으로 평평하게 한다. [사진 3]
7. 찜기에 물을 붓고 센불에 올려 끓으면 대나무 찜기를 넣고 15~20분 정도 찐 다음 그릇에 담고 말린 사과정과를 올려 장식한다. [사진 4]

무고구마설기

쌀가루에 무와 고구마, 붉은 팥을 넣고 섞어서 찐 떡으로 늦가을의 풍요로움을 느끼게 하는 떡이다.

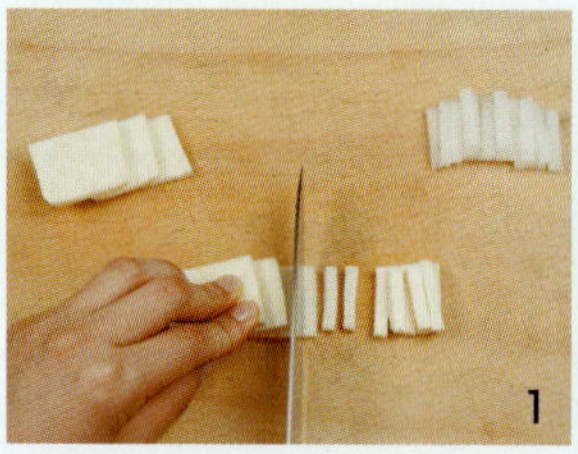

재료

멥쌀가루 2컵, 소금 $\frac{1}{2}$작은술
설탕 1큰술
무 100g, 고구마 $\frac{1}{3}$개
소금 $\frac{1}{4}$작은술, 설탕 1큰술
붉은팥 15g

만들기

1. 멥쌀가루에 소금과 물을 넣고 고루 비벼 섞어서 체에 내린 다음 설탕을 넣고 고루 섞는다.

2. 무와 고구마는 깨끗이 씻어서 길이 3cm, 폭·두께 0.5cm 정도로 채 썬다. [사진 1]

3. 채 썬 무와 고구마에 소금과 설탕을 넣고 섞어서 10분 정도 두었다가 물기를 뺀다.

4. 붉은팥은 깨끗이 씻어 일어서 냄비에 팥과 물을 넣고 끓으면 팥물을 따라 버린다. 다시 냄비에 물을 붓고, 45분 정도 더 삶아 붉은팥이 익으면 체에 밭쳐 물기를 뺀다. [사진 2]

5. 멥쌀가루에 무와 고구마, 삶은 팥을 넣고 고루 섞는다. 대나무 찜기에 시루밑을 깔고 쌀가루를 넣고 고루 펴서 평평하게 한다. [사진 3, 4]

6. 찜기에 물을 붓고 센불에 올려 끓으면 대나무 찜기를 넣고 15~20분 정도 찐다.

새콤이떡

새콤달콤한 과일을 넣고 찐 떡으로 부드럽고 향이 은은하다.

1

2

3

4

재료

멥쌀가루 4컵, 소금 1작은술
설탕 $\frac{1}{2}$큰술
체리 10개, 파인애플(통조림) 1개
키위 1개, 황도(통조림) 1쪽

만들기

1. 멥쌀가루에 소금과 물을 넣고 고루 비벼 섞어서 체에 내린 다음 설탕을 넣고 고루 섞는다. [사진 1]

2. 체리, 파인애플, 키위, 황도는 가로 · 세로 0.2cm 크기로 썬다. [사진 2]

3. 멥쌀가루는 4등분 하고 각각 체리, 파인애플, 키위, 황도를 넣고 고루 섞는다. [사진 3]

4. 찜기 중간틀에 젖은 면보를 깔고 스테인리스 떡틀을 놓은 다음 각각의 쌀가루를 넣고 평평하게 한다. [사진 4]

5. 찜기에 물을 붓고 센불에 올려 끓으면 찜기 중간틀을 놓고 15분 정도 찐다.

노을이떡

쌀가루에 노란색의 살구와 귤피정과를 넣고 쪄낸 떡이다.

호두방울떡

방울떡 사이에 계피향이 가득한 호두가 들어 있어
고소한 맛이 입안에 그윽한 떡이다.

재료

멥쌀가루 3컵, 소금 1작은술, 버터 1$\frac{1}{2}$큰술
우유 적당량, 설탕 2큰술
딸기가루 · 치자물 적당량

호두조림 :
호두 5개, 설탕 3큰술, 계피가루 $\frac{1}{6}$작은술
물 1$\frac{1}{2}$큰술, 버터 $\frac{1}{2}$작은술, 녹말 $\frac{2}{3}$작은술

만들기

1. 멥쌀가루에 소금을 넣고 체에 내린 다음 버터와 우유를 넣고 고루 비벼 섞어서 체에 내린다. [사진 1]

2. 쌀가루는 3등분 하여 $\frac{1}{3}$량은 그대로 사용하고 나머지 쌀가루에는 각각 딸기가루와 치자물을 넣고 섞어서 체에 내린 다음 설탕을 각각 나누어 넣고 고루 섞는다.

3. 호두는 따뜻한 물에 불려서 속껍질을 벗긴다. 냄비에 호두와 설탕, 계피가루, 물을 함께 넣고 졸이다가 버터와 녹말을 넣고 졸인다. [사진 2, 3]

4. 찜기 중간틀에 젖은 면보를 깔고 스테인리스 떡틀을 놓은 다음 각각 쌀가루의 $\frac{1}{2}$량을 넣고 평평하게 한 다음 졸인 호두를 넣는다. 그 위에 다시 나머지 쌀가루를 넣고 윗면이 둥글게 담는다. [사진 4]

5. 찜기에 물을 붓고 센불에 올려 끓으면 찜기 중간틀을 놓고 각각 15분 정도 찐다.

설화병

눈처럼 하얀 마와 쌀가루가 어우러진 우아하고 깔끔한 떡이다.

1

2

3

4

재료

멥쌀가루 5컵, 소금 $\frac{1}{2}$큰술
마 $\frac{1}{2}$개, 물 1컵, 설탕 $\frac{1}{3}$컵
소금 적당량

만들기

1. 멥쌀가루에 소금과 물을 넣고 고루 비벼 섞어서 체에 내린다. [사진 1]

2. 마는 껍질을 벗기고 씻어서 가로 · 세로 0.5cm 크기로 썰어 물과 설탕, 소금을 넣고 졸인다. [사진 2]

3. 쌀가루에 조려진 마를 넣고 고루 섞는다. [사진 3]

4. 대나무 찜기에 시루밑을 깔고 쌀가루를 넣어 수평으로 평평하게 한다. [사진 4]

5. 찜기에 물을 붓고 센불에 올려 끓으면 대나무 찜기를 넣고 15~20분 정도 찐다.

연근설기

연근의 아삭아삭한 맛을 그대로 느낄 수 있는 별미떡이다.

총명딸기병

생딸기즙과 아몬드, 건포도를 넣고 섞어서 찐 분홍색의 떡으로
색이 아름답고 씹히는 맛이 별미이다.

1

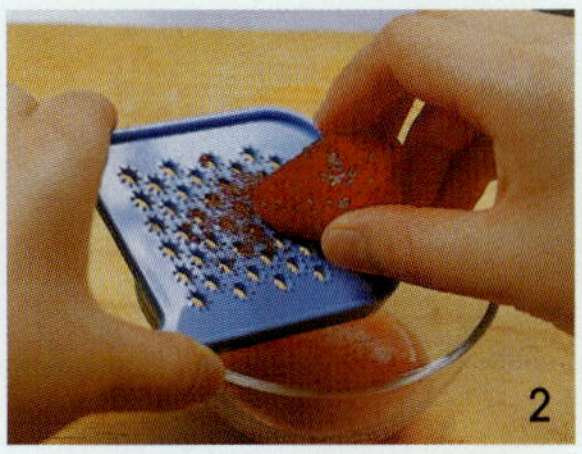
2

3

4

재료

멥쌀가루 3컵, 소금 ¼큰술
딸기(산딸기) 100g, 설탕 3큰술
아몬드 20g, 건포도 10g

만들기

1. 멥쌀가루에 소금을 넣고 고루 섞어서 체에 내린다. [사진 1]

2. 딸기는 씻어서 물기를 빼고, 강판에 갈아서 딸기즙을 만들고, 아몬드와 건포도는 굵게 다진다. [사진 2]

3. 멥쌀가루에 딸기즙을 넣고 고루 비벼 섞어서 체에 내린 다음 설탕과 아몬드, 건포도 다진것을 넣고 고루 섞는다. [사진 3]

4. 찜기 중간틀에 젖은 면보를 깔고, 스테인리스 떡틀을 놓은 다음 쌀가루를 넣고 고루 펴서 평평하게 한다. [사진 4]

5. 찜기에 물을 붓고 센불에 올려 김이 오르면 찜기 중간틀을 놓고 15분 정도 찐다.

딸기떡케이크

싱싱한 딸기즙을 넣어 찐 사랑스러운 분홍색의 딸기떡 케이크이다.

크라운설기

오렌지 껍질을 설탕에 조려 넣고 찐 떡으로 맛과 향, 색이 아름다운 떡이다.

재료

멥쌀가루 3컵, 소금 1작은술
버터 1작은술, 우유 2큰술
설탕 1큰술, 오렌지 껍질 30g
물 $\frac{1}{2}$컵, 설탕 3큰술

만들기

1. 멥쌀가루에 소금과 물을 넣고 고루 비벼 섞어서 체에 내린다. [사진 1]

2. 쌀가루에 버터를 넣고 체에 내린 후 우유와 설탕을 넣고 고루 섞어 다시 한번 체에 내린다. [사진 2]

3. 오렌지는 겉껍질만 얇게 벗겨 다진 다음 설탕과 물을 넣고 졸인다. [사진 3]

4. 찜기 중간틀에 젖은 면보를 깔고 스테인레스 떡틀을 놓은 다음 쌀가루의 $\frac{1}{3}$량을 넣어 평평하게 한 다음 오렌지 졸인 것 $\frac{1}{2}$량을 넣고 고루 편다. 그 위에 다시 쌀가루와 오렌지 졸인 것, 쌀가루 순으로 넣고 평평하게 한다. [사진 4]

5. 찜기에 물을 붓고 센불에 올려 끓으면 찜기 중간틀을 놓고 15분 정도 찐다.

열대과일설기

열대과일의 새콤달콤한 맛이 느껴지는 떡이다.

재료

멥쌀가루 3컵, 소금 $\frac{1}{4}$큰술
버터 8g, 우유 1큰술
열대과일(말린 것) 130g

색 :
딸기가루물 9g(딸기가루 1g+물 8g)
치자물 5g(치자 2g+물 15g)

만들기

1. 멥쌀가루에 소금을 넣고 체에 내린 다음, 버터와 우유를 넣고 고루 비벼 섞어서 다시 한번 체에 내린다. [사진 1]

2. 쌀가루는 3등분 하여 하나는 그대로 두고, 나머지는 각각 딸기가루물과 치자물을 넣고 고루 비벼 섞어서 색을 들인 다음 다시 체에 내린다. [사진 2]

3. 냄비에 열대과일과 물을 붓고 약불에 10분 정도 끓여 체에 받쳐 물기를 뺀 다음 삼색의 쌀가루에 각각 나누어 넣고 고루 섞는다. [사진 3]

4. 찜기 중간틀에 젖은 면보를 깔고, 스테인리스 떡틀을 놓은 다음 각각의 쌀가루를 고루 펴서 넣고 평평하게 한다. [사진 4]

5. 찜기에 물을 붓고 센불에 올려 끓으면 찜기 중간틀을 넣고 15분 정도 찐다.

사과꽃향기

붉은색으로 졸인 사과정과를 쌀가루에 켜로 넣고 찐 떡이다.

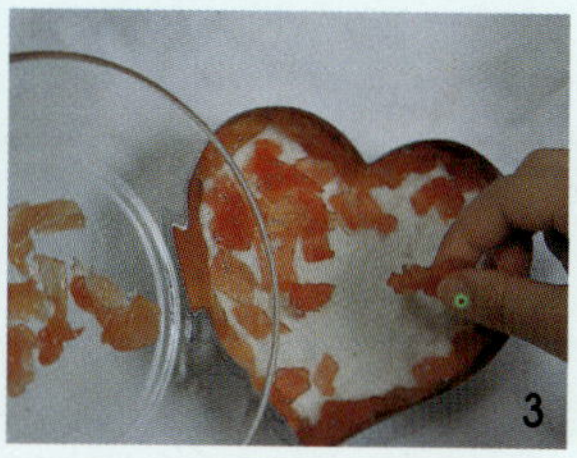

재료

멥쌀가루 5컵, 소금 $\frac{1}{2}$큰술, 설탕 $\frac{1}{3}$컵

사과정과(붉은색) :
사과 1개, 물 2컵, 설탕 100g
딸기가루물 30g(딸기가루 5g+물 25g)

사과정과(초록색) :
사과 $\frac{1}{3}$개, 물 $\frac{1}{2}$컵, 설탕 $2\frac{1}{2}$큰술(30g)
녹색식용색소 약간

만들기

1. 멥쌀가루에 소금과 물을 넣고 고루 비벼 섞어서 체에 내린 다음 설탕을 넣고 고루 섞는다. [사진 1]

2. 붉은색 사과정과는 사과를 껍질째 두께 0.3cm 정도로 썰어 분량의 물과 설탕, 딸기가루물을 넣고 졸인다. 초록색 사과정과는 사과를 껍질째 0.3cm 두께로 썰어 분량의 물과 설탕, 녹색 식용색소를 넣고 졸인다. [사진 2]

3. 찜기 중간틀에 젖은 면보를 깔고 스테인리스 떡틀을 놓은 다음 쌀가루의 $\frac{1}{2}$량을 넣고 평평하게 한 다음 붉은색 사과정과 $\frac{1}{2}$량을 넣고 고루 편다. 그 위에 다시 나머지 쌀가루의 $\frac{1}{2}$량을 넣고 고루 펴서 평평하게 한다. [사진 3. 4]

4. 찜기에 물을 붓고 센불에 올려 끓으면 찜기 중간틀을 놓고 15분 정도 찐다. 찐 떡이 한김 식으면 스테인리스 떡틀을 떼어 내고 그릇에 담아 떡 위에 붉은색 사과정과와 초록색 사과정과로 장식한다.

사과향기

쌀가루에 사과정과를 넣고 검은깨를 뿌려 찐 떡이다.

곶감설기

흰떡 사이에 썰어 말린 감조각이 쫄깃한 맛을 더하고 켜켜로 거피팥 고물이 들어 있어 맛과 모양이 아름다운 떡이다.

재료

멥쌀가루 3컵, 소금 $\frac{1}{4}$큰술
설탕 3큰술, 곶감 50g

고물 : 거피팥 $\frac{1}{3}$컵, 소금 $\frac{1}{4}$작은술

만들기

1. 멥쌀가루에 소금과 물을 넣고 고루 비벼 섞어서 체에 내린 다음 설탕을 넣고 고루 섞는다. [사진 1]

2. 곶감은 반으로 잘라 씨를 빼고 가로 · 세로 0.5cm 정도로 잘라 멥쌀가루에 넣고 고루 섞는다. [사진 2]

3. 거피팥은 7배의 물에 8시간 정도 불려 씻는다. 찜기에 젖은 면보를 깔고 거피팥을 넣은 후, 40분 정도 찌고 뜨거울 때 소금을 넣고 방망이로 찧어 체에 내린다.

4. 찜기 중간틀에 젖은 면보를 깔고, 스테인리스 떡틀에 거피팥고물의 $\frac{1}{2}$량을 넣고 고루 편 다음 쌀가루를 넣고 고루 편다. 그 위에 나머지 거피팥고물 $\frac{1}{2}$량을 고루 펴서 평평하게 한다. [사진 3, 4]

5. 찜기에 물을 붓고 센불에 올려 끓으면 찜기 중간틀을 놓고 15분 정도 찐다.

삼색띠설기

쌀가루에 일곱 가지 색의 물을 들인 띠를 두른 품위 있고 우아한 떡이다.

재료

멥쌀가루 10컵, 소금 1큰술, 설탕 1컵

색떡 :

딸기가루 $\frac{1}{2}$큰술, 녹차가루 $\frac{1}{5}$작은술
커피가루 $\frac{1}{5}$작은술, 코코아가루 1큰술
단호박(찐것) 1큰술, 붉은팥가루 2큰술

만들기

1. 멥쌀가루에 소금과 물을 넣고 고루 비벼 섞어서 체에 내린 다음 설탕을 넣고 고루 섞는다. [사진 1]

2. 멥쌀가루의 $\frac{2}{3}$량은 그대로 두고, 나머지 쌀가루의 $\frac{1}{3}$량은 6등분 하여 각각 딸기가루, 녹차가루, 커피가루, 코코아가루, 찐단호박, 붉은팥가루를 넣고 고루 섞어 체에 내린다. [사진 2. 3]

3. 찜기 중간틀에 젖은 면보를 깔고, 스테인리스 떡틀을 놓고 떡틀 안에 흰색 쌀가루를 $\frac{1}{3}$정도 채운 다음 색을 들인 쌀가루를 넣고 다시 동량의 흰색쌀가루, 색을 들인 쌀가루, 흰색쌀가루 순으로 넣고 고루 펴서 평평하게 한다. [사진 4]

4. 찜기에 물을 붓고 센불에 올려 끓으면 찜기 중간틀을 놓고 15분 정도 찐다.

뽕잎떡케이크

뽕잎가루의 초록빛과 노란 잣의 조화가 아름다운 건강떡이다.

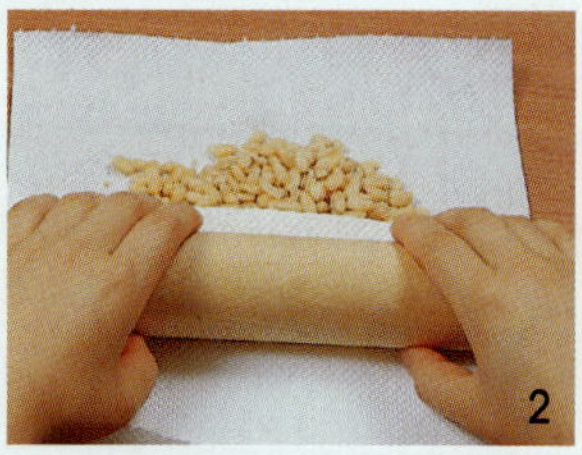

재료

멥쌀가루 3컵, 소금 $\frac{1}{4}$큰술
뽕잎가루 3큰술, 설탕 3큰술
잣 6큰술

만들기

1. 멥쌀가루에 소금과 뽕잎가루, 물을 넣고 고루 비벼 섞어서 체에 내린 다음 설탕을 넣고 고루 섞는다. [사진 1]

2. 잣은 고깔을 떼고 면보로 닦아서 곱게 다져 잣가루를 만든다. [사진 2]

3. 대나무 찜기에 시루밑을 깔고 쌀가루의 $\frac{1}{2}$량을 고루 펴서 넣고, 잣가루의 $\frac{1}{2}$량을 고루 편 다음 나머지 쌀가루 $\frac{1}{2}$량을 넣고 평평하게 한다. 그 위에 나머지 잣가루를 고루 뿌린다. [사진 3, 4]

4. 찜기에 물을 붓고 센불에 올려 끓으면 대나무 찜기를 넣고 15~20분 정도 찐다.

오디와인설기

졸인 오디와 와인의 향이 어우러진 떡이다.

재료

멥쌀가루 8컵, 소금 $\frac{2}{3}$큰술
와인 1컵, 설탕 $\frac{1}{4}$컵

오디 정과 :
오디 200g, 물 1컵, 설탕 100g

장식 :
감자 50g, 와인 $\frac{1}{2}$컵, 설탕 3큰술

만들기

1. 멥쌀가루에 소금을 넣고 고루 비벼 섞어서 체에 내린다.

2. 오디는 깨끗이 손질하여 분량의 물과 설탕을 넣고 졸여 채반에 펼쳐 놓는다. [사진 1. 2]

3. 냄비에 와인과 설탕을 넣고 $\frac{2}{3}$컵의 양이 되게 졸인 다음 식혀서 쌀가루에 넣고 고루 비벼 섞어서 체에 내린다.

4. 대나무 찜기에 쌀가루의 $\frac{1}{2}$량을 넣고 고루 편 다음 오디와 정과를 넣고 고루 편다. 그 위에 나머지 쌀가루 $\frac{1}{2}$량을 넣고 고루 펴서 평평하게 한다. [사진 3. 4]

5. 찜기에 물을 붓고 센불에 올려 끓으면 대나무 찜기를 넣고 15분 정도 찐다.

오디떡

오디를 넣어 갈색 빛이 나는 오디떡 케이크이다.

계피 둥지

생강과 계피의 독특한 향과 맛이 어우러진 떡이다.

1

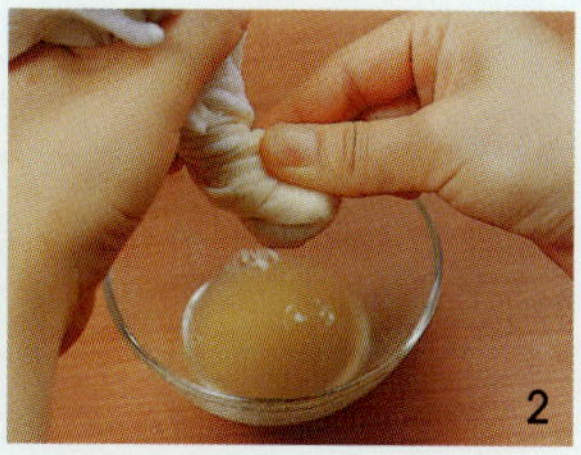
2

3

재료

멥쌀가루 2½컵, 소금 ⅓작은술
생강 45g, 꿀 1큰술, 설탕 1큰술

고물 :
녹두 70g, 소금 ¼작은술
설탕 1큰술

계피가루 1작은술

만들기

1. 녹두는 7배의 물에 8시간 정도 불려 씻어서 체에 밭쳐 물기를 뺀다. 찜기에 젖은 면보를 깔고 녹두를 넣은 후, 40분 정도 찌고 뜨거울 때 소금을 넣고 방방이로 찧어 체에 내린 다음 설탕을 넣고 고루 섞어 고물을 만든다.

2. 생강은 다듬어 깨끗이 씻고 껍질을 벗겨, 강판에 갈아 생강즙을 만든다. [사진 1, 2]

3. 멥쌀가루에 소금과 생강즙, 꿀, 물을 넣고 고루 비벼 섞어서 체에 내린 다음 설탕을 넣어 고루 섞는다. [사진 3]

4. 찜기 중간틀에 젖은 면보를 깔고, 원형틀에 녹두고물의 ⅓량을 깔고 쌀가루의 ½량을 넣어 평평하게 한 다음 다시 녹두고물과 쌀가루, 녹두고물을 켜로 얹어 평평하게 한다.

5. 찜기에 물을 붓고 센불에 올려 끓으면 찜기 중간틀을 놓고 15분 정도 찐다.

6. 찐 떡이 한김 식으면 떡 위에 계피가루로 장식을 한다. [사진 4]

삼색물결설기

흰떡 사이의 빨강 · 노랑 · 초록의 삼색정과가 마치 물결이 움직이듯 아름다운 떡이다.

재료

멥쌀가루 8컵, 소금 $\frac{2}{3}$큰술, 설탕 $\frac{1}{3}$컵
감자(中) 3개, 설탕 150g, 물 3컵

색 :
딸기가루 1작은술, 치자물 2큰술
녹색식용색소 약간

만들기

1. 멥쌀가루에 소금과 물을 넣고 고루 냄비에 각각 감자와 비벼 섞어서 체에 내린 다음 설탕을 넣고 고루 섞는다. [사진 1]

2. 감자는 껍질을 벗기고 두께 0.2cm 정도로 썰어서 물에 담가 하루 정도 전분을 뺀 다음 끓는물에 데치고 3등분 한다. 냄비에 각각의 감자와 딸기가루, 치자물, 녹색식용색소, 물, 설탕을 나누어 넣고 약한 불에서 1시간 정도 졸여서 채반에 건져 펼쳐 놓는다. [사진 2]

3. 대나무 찜기에 시루밑을 깔고 쌀가루의 $\frac{1}{4}$량을 넣고 수평으로 평평하게 한 다음 녹색의 사과정과를 고루 펴서 놓는다. 그 위에 쌀가루와 붉은색 감자정과, 쌀가루, 노란색 감자정과, 쌀가루 순으로 켜켜이 넣고 수평으로 평평하게 한다. [사진 3. 4]

4. 찜기에 물을 붓고 센불에 올려 끓으면 대나무 찜기를 넣고 15~20분 정도 찐다.

모듬과일떡

수박, 살구, 사과를 설탕물에 졸여서 쌀가루에 섞어 찐 떡으로 과일의 맛과 향이 아름다운 떡이다.

앵두사랑떡

빨간 앵두즙을 쌀가루에 넣고 색을 들여 찐 떡이다.

재료

멥쌀가루 3컵
소금 1작은술, 설탕 $\frac{1}{3}$컵
앵두 150g

장식 : 앵두 30g

만들기

1. 앵두는 깨끗이 씻어서 씨를 빼고 으깬 다음 체에 내려 앵두즙을 만든다. [사진 1]

2. 멥쌀가루에 소금을 넣고 고루 비벼 섞어서 체에 내린다. [사진 2]

3. 멥쌀가루에 앵두즙을 넣고 고루 비벼 섞어서 체에 내린 다음 설탕을 넣고 고루 섞는다. [사진 3]

4. 대나무 찜기에 시루밑을 깔고 쌀가루를 넣고 고루 펴서 평평하게 한다. [사진 4]

5. 찜기에 물을 붓고 센불에 올려 끓으면 대나무 찜기를 넣고 15분 정도 찐다.

복분자떡케이크

빨간색 산딸기 즙을 넣고 찐 떡케이크로 맛과 색이 아름답다.

쑥동아리

쑥의 진한 향과 견과류와 두류의 씹히는 맛이 잘 어우러진 영양 떡이다.

재료

멥쌀가루 4컵, 소금 $\frac{1}{2}$큰술, 설탕 1큰술
쑥(데친 것) 150g(또는 쑥가루 1$\frac{1}{2}$큰술)
밤 2개, 대추 6개, 팥(삶은 것) $\frac{1}{3}$컵
검은콩(삶은 것) $\frac{1}{3}$컵, 소금 $\frac{1}{3}$작은술
설탕 $\frac{1}{3}$컵

만들기

1. 멥쌀가루에 소금을 넣고 고루 비벼 섞어서 체에 내린다.

2. 데친 쑥과 쌀가루를 분쇄기에 넣고 곱게 갈아서 고루 비벼 섞는다. [사진 1]

3. 밤은 껍질을 벗기고, 대추는 살만 돌려 깎아서 각각 6등분 한다. 냄비에 삶은 팥과 검은콩, 소금, 설탕을 넣고 졸인 다음 체에 밭쳐 놓는다. [사진 2, 3]

4. 쌀가루에 밤, 대추, 졸인 팥, 콩을 넣고 고루 섞는다. 찜기 중간틀에 젖은 면보를 깔고 스테인리스 떡틀을 놓은 다음 쌀가루를 넣고 고루 펴서 평평하게 한다. [사진 4]

5. 찜기에 물을 붓고 센불에 올려 끓으면 찜기 중간틀을 놓고 15분 정도 찐다.

아몬드설기

아몬드를 넣고 찐 떡으로 고소하고 씹히는 느낌이 좋은 떡이다.

1

2

3

재료

멥쌀가루 3컵, 소금 $\frac{1}{4}$큰술
설탕 3큰술, 아몬드가루 50g

장식 :
레인보우 10g, 아몬드 20g

만들기

1. 멥쌀가루에 소금과 물을 넣고 고루 비벼 섞어서 체에 내린다. [사진 1]

2. 멥쌀가루에 아몬드가루와 설탕을 넣고 고루 섞는다. [사진 2]

3. 찜기 중간틀에 젖은 면보를 깔고, 하트모양틀에 쌀가루를 넣어 평평하게 한다. [사진 3]

4. 찜기에 물을 붓고 센불에 올려 끓으면 찜기 중간틀을 놓고 15분 정도 찐 다음 한김 식으면 레인보우와 아몬드로 장식한다. [사진 4]

꼬마시루떡

만드는 방법이 간단하며, 작고 앙증스러운 팥시루떡이다.

재료

멥쌀가루 5컵, 소금 $\frac{1}{2}$큰술
붉은팥 1컵, 소금 1작은술

만들기

1. 멥쌀가루에 소금과 물을 넣고 고루 비벼 섞어서 체에 내린다. [사진 1, 2]

2. 냄비에 팥과 물을 붓고 끓으면 팥물을 따라 버린다. 다시 냄비에 물을 붓고 삶아서 붉은팥이 익으면 약불에서 뜸을 들인다. 팥이 따뜻할 때 소금을 넣고 팥알이 반 정도 으깨어지도록 방망이로 찧어 붉은팥 고물을 만든다. [사진 3]

3. 찜기 중간틀에 젖은 면보를 깔고 스테인리스 떡틀을 놓은 다음 팥고물의 $\frac{1}{3}$량을 넣고 고루 편 다음 쌀가루 $\frac{1}{2}$량을 넣고 평평하게 한다. 그 위에 다시 팥고물, 쌀가루, 팥고물 순으로 넣고 고루 펴서 평평하게 한다. [사진 4]

4. 찜기에 물을 붓고 센불에 올려 끓으면 찜기 중간틀을 놓고 15분 정도 찐다.

홍삼떡케이크

홍삼의 은은한 향기와 맛이 잘 어우러진 떡이다.

1

2

3

4

재료

멥쌀가루 3컵, 소금 1작은술
인삼분말 10g, 꿀 3큰술,
우유 적당량, 인삼정과 50g
밤 · 대추 · 석이버섯 · 잣 적당량

만들기

1. 멥쌀가루에 소금을 넣고 고루 섞어서 체에 내린다.

2. 인삼정과는 0.5cm 크기로 작게 썰고, 밤은 껍질을 벗겨 채 썰고, 대추는 살만 돌려 깎아서 채 썬다. 석이버섯은 미지근한 물에 불려서 깨끗이 씻고 가운데 돌기를 떼어낸 다음 곱게 채 썬다. 잣은 고깔을 떼고 면보로 닦는다. [사진 1]

3. 인삼분말은 미지근한 물을 붓고 섞어 놓는다. [사진 2]

4. 멥쌀가루에 인삼물과 꿀, 우유를 넣고 고루 비벼 섞어서 체에 내린 다음 인삼정과를 넣고 고루 섞는다. [사진 3. 4]

5. 대나무 찜기에 시루밑을 깔고 쌀가루의 $\frac{1}{3}$량을 넣고 고루 편 다음 밤, 대추, 석이버섯, 잣의 $\frac{1}{2}$량을 넣고 고루 뿌린다. 그 위에 쌀가루을 넣고 고루 편 다음, 밤, 대추, 석이버섯, 잣 고명을 고루 뿌리고, 나머지 쌀가루 $\frac{1}{3}$량을 넣어 고루 펴서 평평하게 한다.

6. 찜기에 물을 붓고 센불에 올려 끓으면 대나무 찜기를 넣고 15분 정도 찐 다음 인삼정과로 장식한다.

녹차떡케이크

멥쌀가루에 녹차를 넣고 찐 떡으로 녹차의 향이 은은하다.

재료

멥쌀가루 3컵, 소금 1작은술
녹차가루 1큰술, 설탕 적당량
거피팥 1컵, 소금 1작은술
밤 3개, 대추 5개

만들기

1. 멥쌀가루에 소금과 물, 녹차가루를 넣고 고루 비벼 섞어서 체에 내린다. [사진 1]
2. 밤은 껍질을 벗기고, 대추는 살만 돌려 깎아서 각각 가로 · 세로 0.5cm 크기로 썬다. [사진 2]
3. 멥쌀가루에 밤과 대추, 설탕을 넣고 고루 섞는다. [사진 3]
4. 거피팥은 7배의 물을 붓고 8시간 정도 불려, 제물에 문질러 씻어 껍질을 벗긴 후, 씻어 일어서 체에 밭쳐 물기를 뺀다. 찜기에 물을 붓고 센불에 올려 끓으면 젖은 면보를 깔고 거피팥을 넣은 다음 40분 정도 쪄서 소금을 넣고 방망이로 찧어 체에 내린다.
5. 대나무 찜기에 시루밑을 깔고 거피팥 고물 $\frac{1}{2}$량을 넣고 고루 편 다음 쌀가루를 고루 펴서 넣는다. 그 위에 나머지 거피팥 고물을 넣고 고루 펴서 평평하게 한다. [사진 4]
6. 찜기에 물을 붓고 센불에 올려 끓으면 대나무 찜기를 넣고 15분 정도 찐다.

※멥쌀가루에 녹차가루만을 넣고 찌기도 한다.

녹차떡케이크

녹차떡케이크 위에 녹차가루와 카스테라를 섞어 떡위에 뿌려주기도 한다.

가을향기

노란색의 단호박이 들어가 색과 맛이 좋고 푹신하고 부드러워 선물용으로 어울리는 떡이다.

1

2

3

4

재료

멥쌀가루 3컵, 소금 ¼큰술
설탕 3큰술, 단호박 120g

고명 :
밤 2개, 석이버섯 0.5g, 대추 4개

만들기

1. 단호박은 깨끗이 씻어서 씨를 긁어내고, 찜기에 넣고 15분 정도 쪄서 과육만 발라 한김 식힌다.

2. 멥쌀가루에 소금과 단호박과육을 넣고 고루 비벼 섞어서 체에 내린 다음 설탕을 넣고 고루 섞는다. [사진 1]

3. 고명용 밤은 껍질을 벗기고 채 썰고, 석이버섯은 미지근한 물에 불려서 깨끗이 씻고, 가운데 돌기를 떼어 낸 다음 곱게 채 썬다. 대추는 젖은 면보로 닦고 살만 돌려 깎아서 밀대로 밀어 편 다음 곱게 채 썬다. [사진 2]

4. 대나무 찜기에 시루밑을 깔고 단호박을 섞은 쌀가루의 ½량을 넣고 고루 편 다음 대추채와 밤, 석이버섯 고명의 ½량을 고루 뿌린다. 그 위에 나머지 쌀가루 ½량을 넣어 고루 펴고 나머지 대추채와 밤, 석이버섯 고명을 고루 뿌려 얹는다. [사진 3. 4]

5. 찜기에 물을 붓고 끓으면 대나무 찜기를 넣고 15~20분 정도 찐다.

호박떡케이크

노란색 호박 빛깔이 그대로 배어나오는 떡이다.

두텁떡케이크

궁중에서 임금이 먹었던 두텁떡을 떡케이크로 만든 것으로 맛과 향이 고급스러운 떡이다.

1

2

3

4

재료

찹쌀가루 10컵, 진간장 3큰술
계피가루 1작은술, 꿀 $\frac{1}{2}$컵
밤 6개, 대추 5개, 잣 $\frac{1}{4}$컵, 호두 4개

두텁고물 :
거피팥 2컵, 진간장 $1\frac{1}{2}$큰술, 설탕 $\frac{1}{4}$컵
황설탕 $\frac{1}{4}$컵, 계피가루 1작은술

만들기

1. 찹쌀가루에 진간장과 계피가루, 꿀을 넣고 고루 비벼 섞어서 체에 내린다. [사진 1]

2. 거피팥은 7배의 물을 붓고 8시간 정도 불려, 제물에 문질러 씻어 껍질을 벗긴 후, 씻어 일어서 체에 밭쳐 물기를 뺀다. 찜기에 물을 붓고 센불에 올려 끓으면 젖은 면보를 깔고 거피팥을 넣은 다음 40분 정도 쪄서 방망이로 찧어 체에 내린다.

3. 거피팥 고물에 진간장과 설탕, 황설탕, 계피가루를 넣고 고루 섞은 다음 팬에 넣고 보슬보슬하게 볶아서 두텁고물을 만든다. [사진 2]

4. 밤은 껍질을 벗기고, 대추는 면보로 닦고 살만 돌려깎아서 각각 0.5cm 크기로 썬다. 잣은 면보로 닦아서 고깔을 떼고, 호두도 0.5cm 크기로 썬다. [사진 3]

5. 쌀가루에 썰어놓은 밤, 대추, 잣, 호두를 넣고 고루 섞는다.

6. 대나무 찜기에 시루밑을 깔고 두텁고물의 $\frac{1}{2}$량을 넣고 고루 편 다음 쌀가루를 넣고 평평하게 한다. 그 위에 나머지 두텁고물 $\frac{1}{2}$량을 넣고 고루 편다. [사진 4]

7. 찜기에 물을 붓고 센불에 올려 끓으면 대나무 찜기를 넣고 15~20분 정도 찐다.

당근치즈떡케이크

당근즙과 황치즈가루를 넣어 맛과 향 · 색이 아름다운 떡케이크이다.

재료

멥쌀가루 10컵, 소금 1큰술
황치즈가루 $\frac{1}{2}$컵
당근즙 적당량, 설탕 $\frac{1}{2}$컵

장식 : 당근정과 적당량

만들기

1. 멥쌀가루에 소금과 황치즈가루를 넣고 고루 섞어서 체에 내린다. [사진 1]
2. 당근은 깨끗이 씻어서 강판에 갈고 즙을 짜서 당근즙을 만든다.
3. 멥쌀가루에 당근즙을 넣고 고루 비벼 섞어서 체에 내린 다음 설탕을 넣고 고루 섞는다. [사진 2]
4. 대나무 찜기에 시루밑을 깔고 쌀가루를 넣어 고루 펴서 평평하게 한다. [사진 3]
5. 찜기에 물을 붓고 센불에 올려 끓으면 대나무 찜기를 넣고 15분 정도 찐 다음 한김 식으면 당근정과로 장식한다. [사진 4]

커피떡케이크

은은한 커피의 향과 버터의 부드러움이 잘 어우러져 신세대나 외국인에게 어울리는 떡이다.

재료

멥쌀 3컵, 소금 $\frac{1}{4}$큰술
커피물(커피믹스 24g(2개)+끓는물 2큰술)
설탕 1큰술

고명 :

대추 2개, 호박씨 3g, 석이버섯 0.5g

만들기

1. 멥쌀가루에 소금을 넣고 체에 내린다. [사진 1]

2. 멥쌀가루 $\frac{1}{3}$량에 물을 넣고 고루 비벼 섞어서 체에 내리고, 설탕을 넣어 고루 섞는다. 나머지 쌀가루 $\frac{2}{3}$량에는 커피물을 넣고 고루 비벼 섞어서 체에 내린다. [사진 2]

3. 고명용 대추는 젖은 면보로 닦아서 살만 돌려 깎아서 밀대로 밀어 꽃모양틀로 찍어 대추꽃을 만들고, 호박씨는 면보로 닦는다. 석이버섯은 미지근한 물에 불려서 깨끗이 씻고, 가운데 돌기를 떼어 낸 다음 곱게 채 썬다.

4. 찜기 중간틀에 젖은 면보로 깐 다음 스테인리스 떡틀을 놓고, 커피물을 들인 쌀가루 $\frac{1}{3}$량을 넣고 고루 펴서 평평하게 한다. 그 위에 흰색 쌀가루 $\frac{1}{2}$량를 넣고 펴서 평평하게 하고 다시 커피쌀가루, 흰색쌀가루, 커피쌀가루를 켜로 얹어 평평하게 한 다음 대추꽃과 호박씨, 석이버섯으로 장식한다. [사진 3. 4]

5. 찜기에 물을 붓고 센불에 올려 끓으면 찜기 중간틀을 넣고 15분 정도 찐다.

※기호에 따라 설탕량은 가감하고, 헤이즐넛 커피나 커피가루를 사용하기도 한다.

고소미떡케이크

은은한 커피의 맛과 아몬드, 건포도의 고소한 맛이 잘 어울리는 떡이다.

무지개떡케이크

여섯 가지 은은한 자연색의 조화가 잘 어우러진 아름다운 떡이다.

재료

갈색 :
멥쌀가루 1컵, 소금 $\frac{1}{4}$작은술, 커피가루 2g
막걸리 2큰술, 설탕 1큰술

흰색 :
멥쌀가루 1컵, 소금 $\frac{1}{4}$작은술
잣가루 3큰술, 막걸리 2큰술, 설탕 1큰술

검은색 :
멥쌀가루 1컵, 소금 $\frac{1}{4}$작은술, 흑임자가루 20g
막걸리 2큰술, 설탕 1큰술

분홍색 :
멥쌀가루 1컵, 소금 $\frac{1}{4}$작은술, 딸기가루 3g
막걸리 2큰술, 설탕 1큰술

푸른색 :
멥쌀가루 1컵, 소금 $\frac{1}{4}$작은술
파워에이드 농축액 30g(파워에이드 100g)
설탕 1큰술

노란색 :
멥쌀가루 1컵, 소금 $\frac{1}{4}$작은술
단호박 과육 40g(단호박 60g), 막걸리 $\frac{1}{3}$큰술

고명 :
멥쌀가루 $\frac{1}{2}$컵, 소금 $\frac{1}{8}$작은술, 물 $\frac{2}{3}$큰술
쑥가루 0.5g, 딸기가루물 2g(딸기가루 1g+물 5g)

만들기

1. 찜기에 단호박을 넣고 15~20분 정도 쪄서 과육만 바르고, 냄비에 파워에이드를 넣고 $\frac{1}{2}$량으로 졸아 들 때까지 끓여 농축액을 만든다. [사진 1]

2. 각각의 멥쌀가루에 소금과 막걸리를 넣고 고루 비벼 섞어서 체에 내린 다음 커피가루와 잣가루, 흑임자가루, 딸기가루, 파워에이드 농축액, 단호박과육을 넣어 고루 비벼 섞어서 색을 들이고 각각의 설탕을 넣어 고루 섞는다. [사진 2, 3]

3. 고명용 멥쌀가루에 소금과 물을 넣고 고루 비벼 섞어서 체에 내린 다음, 2등분하여 각각 쑥가루와 딸기가루물을 넣고 고루 비벼 섞어서 다시 체에 내린다.

4. 찜기에 물을 붓고 센불에 올려 끓으면 젖은 면보를 깔고, 색을 들인 고명용 쌀가루를 나누어 넣고 15분 정도 찐다. 찐 떡은 뜨거울 때 치대어 밀대로 두께 0.2cm 정도로 밀고, 원형틀과 나뭇잎 모양틀로 찍어서 꽃모양 고명을 만든다.

5. 대나무 찜기에 시루밑을 깔고 갈색 쌀가루를 넣고 고루 펴서 평평하게 한 다음 흰색 쌀가루, 검은색 쌀가루, 분홍색 쌀가루, 푸른색 쌀가루, 노란색 쌀가루 순으로 넣어서 수평으로 평평하게 한다. [사진 4]

6. 찜기에 물을 붓고 센불에 올려 끓으면 대나무 찜기를 넣고 15~20분 정도 찐 다음 한 김 식으면 꽃모양 고명을 올린다.

코코아떡케이크

달콤한 코코아와 구수한 아몬드의 맛이 어우러져 어린이나 신세대가 좋아하는 떡이다.

재료

멥쌀가루 5컵, 소금 $\frac{1}{2}$큰술
코코아가루 2큰술, 막걸리 적당량
설탕 $\frac{1}{3}$컵, 아몬드 $\frac{1}{3}$컵

장식 : 초콜렛 적당량

만들기

1. 멥쌀가루에 소금과 코코아가루를 넣고 고루 섞어서 체에 내린다. [사진 1]

2. 아몬드는 굵게 다진다.

3. 쌀가루에 막걸리를 넣고 고루 비벼 섞어서 체에 내린 다음 설탕과 아몬드를 넣고 고루 섞는다. [사진 2]

4. 찜기 중간틀에 젖은 면보를 깔고 스테인리스 떡틀을 놓은 다음 쌀가루를 넣고 고루 편다. [사진 3, 4]

5. 찜기에 물을 붓고 센불에 올려 끓으면 찜기 중간틀을 놓고 15분 정도 찐다.

단호박떡케이크

쌀가루에 단호박과육을 넣고 찐 다음 단호박 시럽을 얹어 촉촉하고 부드러운 단호박의 향을 느낄 수 있는 떡케이크이다.

재료

멥쌀가루 $2\frac{1}{2}$컵, 소금 $\frac{3}{4}$작은술
설탕 3큰술
단호박 150g

단호박 소 :
단호박 50g, 물 $\frac{1}{4}$컵, 설탕 2큰술
치자물 5g(치자 1개+물 15g)

단호박시럽 :
한천 2g(불린 것 20g), 물 1컵
찐 단호박과육 40g, 소금 $\frac{1}{4}$작은술
설탕 $1\frac{1}{2}$큰술
녹말물 21g(청포묵녹말 6g(1큰술)+물 15g(1큰술))

만들기

1. 단호박은 깨끗이 씻어서 씨와 속을 긁어내고, 소용 단호박은 씨와 속을 긁어내고 가로 · 세로 1cm 정도로 썬다. [사진 1]

2. 단호박은 찜기에 15분 정도 찐 다음 과육만 발라 한김 식히고, 90g은 쌀가루에 소금과 함께 넣고 고루 비벼 섞어서 체에 내린다.

3. 소용 단호박은 냄비에 물과 설탕, 치자물을 함께 넣고 센불에 올려 끓으면 중불에서 2분 정도 졸인다.

4. 대나무 찜기에 시루밑을 깔고 쌀가루를 반쯤 채운 다음, 설탕물에 졸인 단호박 소를 고루 펴서 놓고 다시 쌀가루를 채워 윗면을 평평하게 한다. [사진 2]

5. 찜기에 물을 붓고 센불에 올려 끓으면 대나무 찜기를 넣고 15~20분 정도 찐다.

6. 냄비에 물과 불린한천을 넣고 끓이다가 한천이 녹으면 녹말물을 제외한 모든 재료를 넣고 중불에서 5분 정도 끓이다가 녹말물을 넣고 약불에서 가끔 저어가면서 5분~10분 정도 끈기가 생기도록 끓여 시럽을 만든다. [사진 3]

7. 찐 떡케익을 그릇에 담고 둘레에 케익용 띠를 두른 다음 한김 식으면 단호박시럽을 위에 붓고 고루 펴서 굳어지도록 식힌다. [사진 4]

와인고구마떡케이크

쌀가루에 고구마와 와인을 넣고 찐 자주빛의 떡케이크로 와인 시럽을 얹어 향긋한 와인의 향을 느낄 수 있는 떡케이크이다.

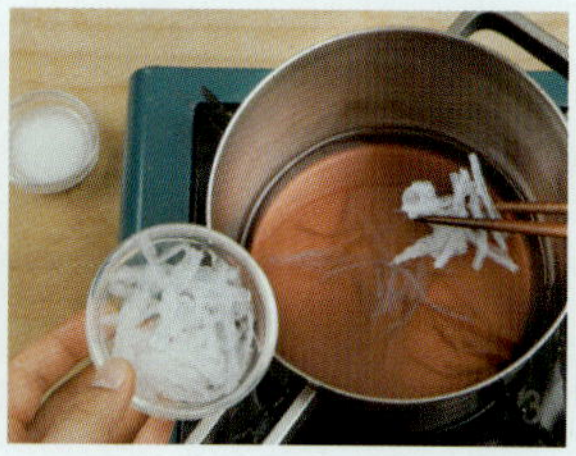

재료

멥쌀가루 2½컵, 소금 ¼큰술
와인 5큰술, 포도가루 2큰술, 설탕 3큰술
고구마 ½개

고구마 고명 :
고구마 20g, 물 1컵, 설탕 2큰술
치자물 10g(치자 1개+물 15g)

와인시럽 :
한천 2g(불린 것 20g), 물 1컵, 와인 ¼컵
포도가루 2큰술, 소금 ⅛작은술, 설탕 2큰술
녹말물 21g(청포묵녹말 6g(1큰술)+물 15g(1큰술))

만들기

1. 냄비에 와인과 포도가루, 설탕을 넣고 센불에 올려 끓으면 중불에서 2분 정도 더 끓여 식힌 다음 멥쌀가루에 소금과 함께 넣고 고루 비벼 섞어서 체에 내린다.

2. 고구마는 씻어서 껍질을 벗기고 가로 · 세로 1cm 정도로 썰고, 장식용 고구마는 두께 0.3cm 정도로 저며 썰어서 하트모양틀로 찍는다.

3. 냄비에 썰어놓은 고구마와 장식용 고구마, 물, 설탕, 치자물을 넣고 센불에 올려 끓으면 중불에서 3분 정도 졸여서 색을 들인다. [사진 1]

4. 대나무 찜기에 시루밑을 깔고, 쌀가루의 ½량을 넣고 평평하게 한 다음 가로 · 세로 1cm크기로 썰어 졸인 고구마를 고루 펴서 놓는다. 그 위에 나머지 쌀가루 ½량을 넣고 고루 펴서 평평하게 한다. [사진 2]

5. 찜기에 물을 붓고 센불에 올려 끓으면 대나무 찜기를 넣고 15~20분 정도 찐다.

6. 냄비에 물과 불린 한천을 넣고 센불에 올려 한천이 녹으면 물녹말을 제외한 모든 재료를 넣고 5분 정도 끓이다가 녹말물을 넣고 약불에서 가끔 저어가면서 5~10분 정도 끈기가 생기도록 끓인다. [사진 3]

7. 찐 떡케익을 그릇에 담고 둘레에 케익용 띠를 두른 다음 한김 식으면 와인시럽을 위에 붓고 고루 펴서 굳어지도록 식힌 다음 장식용 고구마를 올려 장식한다. [사진 4]

적고구마떡케이크

고구마떡케이크에 적고구마가루를 섞은 쌀가루를 올려 찐 떡으로 구수한 고구마의 맛과 보랏빛의 색이 어우러진 떡이다.

흑임자떡케이크

흑임자를 넣어 건강에 좋고 고소한 맛과 향이 입안 가득 퍼지는 부드러운 떡이다.

재료

멥쌀가루 3컵, 소금 ¼큰술
흑임자가루 50g, 설탕 3큰술

만들기

1. 멥쌀가루에 소금을 넣고 체에 내린 다음, 흑임자가루 30g과 물을 넣고 고루 비벼 섞어서 다시 한 번 체에 내린다. [사진 1]

2. 쌀가루에 설탕을 넣고 고루 섞는다. [사진 2]

3. 대나무 찜기에 시루밑을 깔고 쌀가루를 넣고 고루 펴서 평평하게 한 다음, 나머지 흑임자가루를 고루 뿌린다. [사진 3]

4. 찜기에 물을 붓고 센불에 올려 끓으면 대나무 찜기를 넣고 15~20분 정도 찐다. [사진 4]

대추편

대추를 푹 고아 만든 대추고를 넣고 찐 떡으로 대추의 향이 입안에 가득하다.

재료

멥쌀가루 5컵, 소금 $\frac{1}{2}$큰술, 막걸리 $\frac{1}{4}$컵
대추고 $\frac{1}{2}$컵, 설탕 $\frac{1}{4}$컵

고명 :
대추 600g, 물 6컵, 설탕 $\frac{1}{2}$컵

대추고 :
대추 2개, 석이버섯 1개, 호박씨 10개

만들기

1. 멥쌀가루에 소금과 막걸리를 넣고 고루 비벼 섞어서 체에 내린다. [사진 1]

2. 대추는 젖은 면보로 닦고 살만 돌려 깍는다. 냄비에 물과 대추를 넣고 푹 끓여서 체에 내린다. 냄비에 다시 체에 내린 대추과육을 넣고 졸여서 대추고를 만든다.

3. 쌀가루에 대추고를 넣고 고루 비벼 섞어서 체에 내린 다음 설탕을 넣고 고루 섞는다. [사진 2]

4. 고명용 대추는 젖은 면보로 닦고 살만 돌려 깎아서 대추꽃을 만들고, 석이버섯은 미지근한 물에 불려서 깨끗이 씻고 가운데 돌기를 떼어낸 다음 곱게 채 썬다. 호박씨는 면보로 닦는다.

5. 대나무 찜기에 시루밑을 깔고 쌀가루를 고루 펴서 넣는다. 그 위에 대추꽃과 석이버섯, 호박씨로 장식한다. [사진 3, 4]

6. 찜기에 물을 붓고 센불에 올려 끓으면 대나무 찜기를 넣고 15분 정도 찐다.

다복솔편

몸에 좋은 솔잎가루를 넣고 만든 떡으로 부드럽고 향이 좋아서 남녀노소 누구나 좋아하는 떡이다.

1

2

3

4

재료

멥쌀가루 5컵, 소금 $\frac{1}{2}$큰술, 꿀 3큰술
솔잎가루 1큰술, 솔잎액(솔잎음료) 3큰술

만들기

1. 멥쌀가루에 소금과 꿀을 넣고 고루 비벼 섞어서 체에 내린다.

2. 멥쌀가루 2컵은 그대로 두고 나머지 3컵에는 솔잎가루와 솔잎액을 넣고 고루 비벼 섞어서 체에 내린다.[사진 1. 2. 3]

3. 대나무 찜기에 시루밑을 깔고 솔잎가루를 섞은 쌀가루 $\frac{1}{3}$량을 넣고 고루 편 다음 흰색 쌀가루 $\frac{1}{2}$량을 넣고 고루 펴서 평평하게 한다. 그 위에 솔잎가루 섞은 쌀가루, 흰색 쌀가루, 솔잎가루 섞은 쌀가루 순으로 넣고 고루 펴서 평평하게 한 다음 칼집을 넣는다. [사진 4]

4. 찜기에 물을 붓고 센불에 올려 끓으면 대나무 찜기를 넣고 15분 정도 찐다.

살구떡케이크

살구를 졸여 넣고 찐 노란색의 떡케이크이다.

재료

멥쌀가루 10컵, 소금 1큰술, 설탕 $\frac{1}{2}$컵
살구 300g, 설탕 100g

장식 : 건살구 5개

만들기

1. 멥쌀가루에 소금과 물을 넣고 고루 비벼 섞어서 체에 내린다.

2. 살구는 깨끗이 씻어서 껍질을 벗기고 과육만 발라 체에 내려 설탕을 넣고 졸인다. [사진 1, 2]

3. 멥쌀가루에 살구 졸인 것을 넣고 고루 비벼 섞어서 체에 내린 다음 설탕을 넣고 고루 섞는다. [사진 3]

4. 찜기 중간틀에 젖은 면보를 깔고 스테인리스 떡틀을 놓은 다음 쌀가루를 넣고 평평하게 한다. [사진 4]

5. 찜기에 물을 붓고 센불에 올려 끓으면 찜기 중간틀을 놓고 15분 정도 찐 다음 건살구로 장식한다.

과일병

참외, 감, 복숭아 모양의 재미있고 아름다운 떡이다.

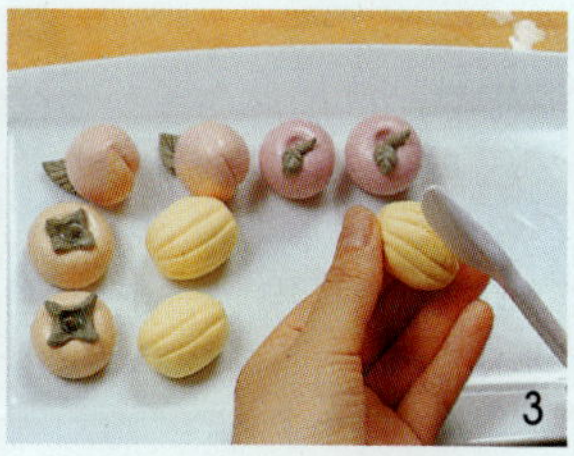

재료

멥쌀가루 3컵, 소금 1작은술
쑥가루 · 치자물 · 딸기가루 · 백년초가루 적당량
참기름 적당량

소 :
볶은 참깨 5큰술, 설탕 2큰술
꿀 1작은술, 소금 적당량

만들기

1. 멥쌀가루에 소금과 물을 붓고 고루 비벼 섞어서 체에 내린다.

2. 쌀가루는 4등분 하여 쑥가루, 치자물, 딸기가루, 백년초가루를 각각 넣고 고루 비벼 섞어서 체에 내린다. [사진 1]

3. 볶은 참깨는 분쇄기에 넣고 빻은 다음 설탕과 꿀, 소금을 넣고 섞어서 소를 만든다.

4. 색을 들인 각각의 쌀가루에 끓는 물을 넣고 익반죽한 다음 소를 넣고 여러 가지 과일 모양으로 빚는다. [사진 2, 3]

5. 찜기에 물을 붓고 센불에 올려 끓으면 젖은 면보를 깔고 빚어 놓은 떡을 넣어 15분 정도 찐다. 과일병에 참기름을 고루 바른다. [사진 4]

조개송편

쌀가루 반죽에 김치와 조갯살을 소로 넣고 조개모양으로 빚어 찐 떡이다.

재료

멥쌀가루 3컵, 소금 1작은술
흑임자가루 3큰술

소 : 김치 100g, 조갯살 100g

참기름 적당량

만들기

1. 멥쌀가루에 소금을 넣고 고루 섞어서 체에 내린다.

2. 김치는 속을 털어 내고 송송 썰고, 조갯살은 다진다. 팬을 달구어 참기름을 두르고 김치와 조갯살을 넣고 볶아서 조개송편소를 만든다. [사진 1, 2]

3. 멥쌀가루 2컵은 끓는 물을 붓고 익반죽하고, 나머지 1컵은 흑임자 가루를 넣고 고루 섞어서 끓는 물을 붓고 익반죽한다.

4. 흰색반죽과 흑임자반죽은 각각 떼어서 서로 섞고, 소를 넣어 오므려 조개모양으로 빚는다. [사진 3, 4]

5. 찜기에 물을 붓고 센불에 올려 끓으면 젖은 면보를 깔고 빚어 놓은 떡을 넣어 15분 정도 찐다. 조개 송편에 참기름을 고루 바른다.

거북이질시루병

장수를 상징하는 거북이 모양으로 빚은 떡이다.

재료

멥쌀가루 3컵, 소금 $\frac{1}{4}$큰술

색 :
쑥가루 3g, 적고구마가루 6g
치자물 25g(치자 2개, 물 2큰술)

참기름 1큰술

만들기

1. 멥쌀가루에 소금과 물을 넣고 고루 비벼 섞어서 체에 내린다.

2. 찜기에 물을 붓고 센불에 올려 끓으면, 젖은 면보를 깔고 멥쌀가루를 넣어 15~20분 정도 찐다. [사진 1]

3. 찐 떡이 뜨거울 때 끈기가 생기도록 치대어 떡반죽을 만들고, 3등분 하여 쑥가루와 적고구마가루, 치자물을 각각 넣고 고루 치대어 색을 들인다. [사진 2]

4. 색을 들인 떡반죽은 각각 30g씩 떼어 직경 4cm, 두께 1cm 정도로 둥글납작하게 빚고 떡살로 눌러 거북이 모양을 만든다. [사진 3. 4]

5. 거북이절편에 참기름을 고루 바른다.

흑임자구름떡

떡 사이사이에 흑임자 결이 마치 하늘의 구름을 연상시키는 떡이다.

2

3

4

재료

찹쌀가루 8컵, 소금 $\frac{3}{4}$큰술
설탕물 $\frac{1}{4}$컵
대추 7개, 밤 5개, 설탕 적당량
호두 $\frac{1}{4}$컵, 잣 $\frac{1}{4}$컵
완두콩 · 검은콩 · 붉은팥 각각 $\frac{1}{4}$컵
소금 적당량, 설탕 $\frac{1}{3}$컵
흑임자가루 1컵, 꿀(시럽) 적당량

만들기

1. 찹쌀가루에 소금과 설탕물을 넣고 고루 비벼 섞어서 체에 내린다.
2. 대추는 젖은 면보로 닦고 살만 돌려 깎아서 3~4등분 하고, 밤은 껍질을 벗기고 대추와 같은 크기로 썬 다음 냄비에 설탕과 함께 넣고 졸인다. 호두는 4등분 하고, 잣은 고깔을 떼고 면보로 닦는다. [사진 1]
3. 완두콩과 검은콩은 불려서 소금을 넣고 섞고, 붉은팥은 삶는다. 냄비에 붉은팥과 완두콩, 검은콩을 넣고 설탕을 함께 넣어 졸인다.
4. 찹쌀가루에 졸인 대추와 밤, 호두, 잣, 완두콩, 검은콩, 붉은팥을 넣고 고루 섞는다. [사진 2]
5. 찜기에 젖은 면보를 깔고 스테인리스 떡틀을 놓은 다음 쌀가루를 넣고 15분 정도 찐다. [사진 3]
6. 찐 떡은 덩어리지게 떼어 흑임자 가루를 고루 묻힌 다음 네모진 틀에 넣고 서로 붙어 모양이 잡히도록 사이사이에 꿀을 뿌리고 눌러서 평평하게 편다. 냉동실에 넣고 2~3시간 정도 얼린 다음 폭 1cm 정도로 썬다. [사진 4]

녹차구름떡

구름떡에 녹차가루를 넣어서 만든 초록빛이 나는 녹차구름떡이다.

흑미영양찰떡

흑미가루에 여러가지 견과류를 넣고 찐 영양찰떡이다.

재료

찹쌀가루 2컵, 흑미가루 1컵, 소금 $\frac{3}{4}$작은술

설탕시럽 : 설탕 2$\frac{1}{2}$큰술, 물 3큰술

서리태 20g, 밤 2개, 잣 2작은술
생땅콩 20g, 식용유 $\frac{1}{2}$작은술

만들기

1. 찹쌀가루에 흑미가루와 소금을 넣고 고루 비벼 섞어서 체에 내린다.

2. 서리태는 물에 2시간 정도 불린 다음 냄비에 물과 함께 붓고 5분 정도 삶아서 물기를 뺀다. 밤은 껍질을 벗기고 6~8등분 한다. 잣은 고깔을 떼고 면보로 닦고, 생땅콩은 물에 불려 껍질을 벗긴다. [사진 1]

3. 냄비에 설탕시럽용 설탕과 물을 붓고 끓으면 약불에서 10분 정도 더 끓여 식혀서 설탕시럽을 만든다.

4. 쌀가루에 설탕시럽을 넣고 고루 비벼 섞은 다음 서리태, 밤, 잣, 땅콩을 넣고 고루 섞는다. [사진 2]

5. 찜기에 물을 붓고 센불에 올려 끓으면 젖은 면보를 깔고, 쌀가루를 고루 펴서 넣고 15~20분 정도 찐다. [사진 3]

6. 스테인리스 사각틀에 랩을 깔고 식용유를 바른 다음 찐 떡을 넣고 랩으로 감싼다. 냉동실에 넣고 2~3시간 정도 얼린 다음 폭 1~1.3cm 정도로 썬다. [사진 4]

김치찰편

떡과 한국의 김치맛이 잘 어우러져 누구나 좋아하는 떡이다.

재료

멥쌀가루 $2\frac{1}{2}$컵, 찹쌀가루 $2\frac{1}{2}$컵
소금 $\frac{1}{2}$큰술, 설탕 $\frac{1}{3}$컵
김치 120g

고물 : 거피팥 1컵, 소금 1작은술

만들기

1. 멥쌀가루와 찹쌀가루에 소금과 물을 넣고 섞어서 체에 내린다. [사진 1]

2. 거피팥은 7배의 물을 붓고 8시간 정도 불려, 제물에 문질러 씻어 껍질을 벗긴 후, 씻어 일어서 체에 밭쳐 물기를 뺀다. 찜기에 물을 붓고 센불에 올려 끓으면 젖은 면보를 깔고 거피팥을 넣은 다음 40분 정도 쪄서 소금을 넣고 방망이로 찧어 체에 내린다.

3. 김치는 속을 털어 내고 꼭 짠 다음 폭 1cm 정도로 송송 썬다. [사진 2]

4. 쌀가루에 김치를 넣고 고루 섞는다. [사진 3]

5. 찜기 중간틀에 젖은 면보를 깔고 스테인리스 떡틀을 놓은 다음 거피팥 고물 $\frac{1}{2}$량을 넣고 고루 편 다음 쌀가루를 넣고 평평하게 한다. 그 위에 나머지 거피팥 고물 $\frac{1}{2}$량을 넣고 고루 편다. [사진 4]

6. 찜기에 물을 붓고 센불에 올려 끓으면 찜기 중간틀을 놓고 15분 정도 찐다.

도토리찰시루떡

영양가득한 도토리가루와 단호박, 검은콩을 넣고 만든 향토적인 떡이다.

1

2

3

4

재료

찹쌀가루 2컵, 소금 $\frac{1}{2}$작은술
도토리가루 45g
설탕 1$\frac{2}{3}$큰술, 연유 1큰술
단호박 30g, 물 2큰술, 설탕 1큰술
검은콩 25g, 소금 $\frac{1}{8}$작은술

고물 : 붉은팥 $\frac{1}{2}$컵, 소금 $\frac{1}{3}$작은술

만들기

1. 도토리가루에 물과 설탕, 연유를 넣고 섞어서 5분 정도 둔다. 찹쌀가루에 소금과 불린 도토리가루를 넣고 고루 비벼 섞어서 다시 체에 내린다. [사진 1]

2. 단호박은 씻어서 씨와 속을 긁어내고 껍질을 벗긴 다음 길이 3cm 폭 1cm, 두께 0.5cm 정도로 채 썬다. 냄비에 채 썬 단호박과 물, 설탕을 넣고 중불에서 5분 정도 졸인다.

3. 검은콩은 2시간 정도 불린 다음 냄비에 검은콩과 물을 붓고, 센불에 올려 끓으면 중불로 낮추어 5분 정도 삶아 물기를 빼고 소금을 넣어 고루 섞는다.

4. 붉은팥은 깨끗이 씻어 일어서 냄비에 팥과 물을 붓고 끓으면 팥물을 따라 버린다. 다시 냄비에 물을 붓고, 45분 정도 더 삶아 붉은팥이 익으면 체에 밭쳐 물기를 뺀다. 팥이 따뜻할 때 소금을 넣고 팥알이 반 정도 으깨어지도록 방망이로 찧어 붉은팥 고물을 만든다. [사진 2]

5. 쌀가루에 검은콩과 단호박을 넣고 고루 섞는다. [사진 3]

6. 대나무 찜기에 시루밑을 깔고 팥고물의 $\frac{1}{3}$량을 고루 펴서 넣고 쌀가루 $\frac{1}{2}$량을 넣어 평평하게 한다. 그 위에 다시 팥고물 $\frac{1}{3}$량과 쌀가루, 팥고물의 순서로 넣고 고루 펴서 평평하게 한다. [사진 4]

7. 찜기에 물을 붓고 센불에 올려 끓으면 대나무 찜기를 넣고 15분 정도 찐다.

호박말이

단호박과 찹쌀의 맛이 어우러져 은은한 향기와 신선한 맛이 일품이다.

재료

찹쌀가루 10컵, 소금 1큰술, 설탕 ½컵
단호박(찐 것) 300g

고물 : 거피팥 2컵, 소금 ½큰술

만들기

1. 찹쌀가루에 소금을 넣고 고루 비벼 섞어서 체에 내린다.

2. 단호박은 깨끗이 손질하여 길이로 4등분 한 후 씨와 속을 긁어내고 찐 다음, 과육만 발라 찹쌀가루에 넣고 고루 비벼 섞어서 체에 내린다. [사진 1, 2]

3. 거피팥은 7배의 물을 붓고 8시간 정도 불려, 제물에 문질러 씻어 껍질을 벗긴 후, 씻어 일어서 체에 밭쳐 물기를 뺀다. 찜기에 물을 붓고 센불에 올려 끓으면 젖은 면보를 갈고 거피팥을 넣은 다음 40분 정도 쪄서 소금을 넣고 방망이로 찧어 체에 내린다.

4. 찜기 중간틀에 젖은 면보를 깔고 거피팥 고물 ½량을 넣고 고루 편 다음 쌀가루를 고루 펴서 넣는다. 그 위에 나머지 거피팥 고물 ½량을 넣고 고루 펴서 평평하게 한다. [사진 3]

5. 찜기에 물을 붓고 센불에 올려 끓으면 찜기 중간틀을 놓고 15분 정도 찐다.

6. 찐 떡은 돌돌 말아서 한김 식으면 폭 1cm 정도로 썬다. [사진 4]

코코아롤떡

코코아 향과 귤마멜레이드가 어우러져 특별한 맛을 느낄 수 있는 떡이다.

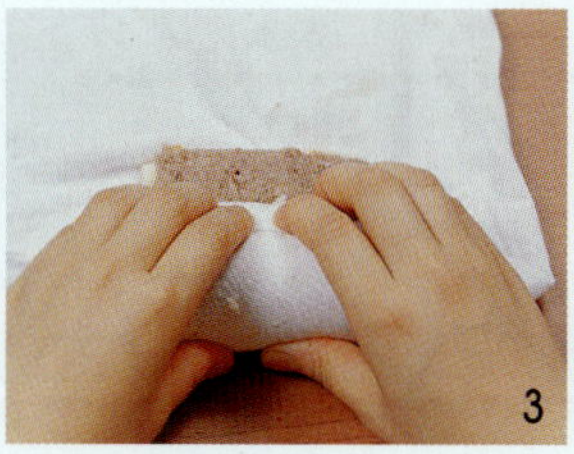

재료

멥쌀가루 4컵, 찹쌀가루 1컵
소금 $\frac{1}{2}$큰술, 버터 $2\frac{1}{2}$큰술
우유 적당량, 코코아가루 2큰술
귤마멜레이드 적당량

만들기

1. 멥쌀가루와 찹쌀가루에 소금을 넣고 체에 내린 다음 버터와 우유를 넣고 고루 비벼 섞어서 체에 내린다.

2. 쌀가루는 2등분 하고 $\frac{1}{2}$량은 그대로 사용하고, 나머지 $\frac{1}{2}$량에는 코코아가루를 넣고 고루 섞어 체에 내린다.

3. 찜기 중간틀에 젖은 면보를 깔고 스테인리스 떡틀을 놓은 다음 흰색의 쌀가루와 코코아가루를 섞은 쌀가루를 각각 넣고 평평하게 한 다음 칼집을 넣는다 [사진 1]

4. 찜기에 물을 붓고 센불에 올려 끓으면 찜기 중간틀을 놓고 각각 15분 정도 찐다.

5. 찐 떡이 한김 식으면 흰떡 위에 귤마멜레이드를 고루 펴서 바르고, 그 위에 코코아색 떡을 얹어 둥글게 만 다음 폭 1cm 정도로 썬다. [사진 2. 3. 4]

깨찰말이

찹쌀가루에 흑임자가루와 흰깨가루를 넣고 돌돌 말아 만든 떡으로
고소한 맛과 모양이 어울리는 떡이다.

재료

찹쌀가루 10컵, 소금 1큰술
흑임자가루 1$\frac{1}{2}$컵, 볶은 흰깨 3컵
설탕 $\frac{1}{2}$컵, 소금 적당량

만들기

1. 찹쌀가루에 소금과 물을 넣고 고루 비벼 섞어서 체에 내린다.
2. 흑임자가루는 김 오른 찜통에 넣고 5분 정도 살짝 찐다. [사진 1]
3. 볶은 흰깨는 분쇄기에 넣고 곱게 갈아서 설탕과 소금을 넣고 고루 섞는다.
4. 찜기 중간틀에 젖은 면보를 깔고 스테인리스 떡틀을 놓은 다음 흰깻가루 $\frac{1}{2}$량을 넣고 고루 편 다음 찹쌀가루 $\frac{1}{2}$량을 넣고 평평하게 한다. 그 위에 흑임자가루, 찹쌀가루, 흰깻가루 순으로 넣고 고루 펴서 평평하게 한다. [사진 2]
5. 찜기에 물을 붓고 센불에 올려 끓으면 찜기 중간틀을 놓고 15분 정도 찐다.
6. 찐 찰떡은 돌돌 말아서 한김 식으면 폭 1cm 정도로 썬다. [사진 3, 4]

증편

막걸리를 넣어 술맛이 향긋하며 여름철에 먹는 발효떡이다.

1

2

3

4

재료

멥쌀가루 500g, 소금 1큰술
생이스트 10g, 물 1컵
막걸리 $\frac{1}{2}$컵, 설탕 $\frac{1}{2}$컵

장식 :
대추 · 석이버섯 · 검은깨 적당량

만들기

1. 멥쌀가루에 소금을 넣고 섞어서 고운체에 2회 내린다.
2. 대추는 젖은 면보로 닦고 살만 돌려 깎아서 대추꽃을 만들고, 석이버섯은 미지근한 물에 불려서 깨끗이 씻고 가운데 돌기를 떼어낸 다음 곱게 채 썬다.
3. 미지근한 물에 막걸리와 설탕, 생이스트를 넣고 섞은 다음 멥쌀가루에 넣고 나무주걱으로 고루 섞어 반죽한다. [사진 1]
4. 투명한 그릇에 반죽을 담아 랩으로 덮고 35℃~40℃의 온도가 유지되도록 2시간 정도 1차 발효를 시킨 다음 반죽이 2.5~3배 정도 부풀어 오르면 나무주걱으로 고루 저어 공기(1차 가스)를 뺀다. [사진 2]
5. 다시 반죽을 랩으로 덮어 1시간 정도 2차 발효를 시킨 다음 반죽이 2.5~3배 정도 부풀면 나무주걱으로 고루 저어 공기(2차 가스)를 뺀다.
6. 증편틀에 증편반죽을 $\frac{1}{3}$정도 채우고 10분 정도 두어 3차 발효를 시킨 다음 대추, 석이버섯, 검은깨로 장식한다. [사진 3, 4]
7. 찜기에 물을 붓고 센불에 올려 물의 온도가 85~90℃ 정도가 되면 증편반죽을 넣은 틀을 넣고 약불로 낮추어 5분 정도 두었다가 반죽이 틀의 100%까지 올라오면, 센불로 올려 15분 정도 찌고, 약불로 낮추어 5분 정도 뜸을 들인다.

떡샌드

흰색의 떡과 여러가지 채소가 어우러져 별스러운 맛을 주는 떡이다.

재료

멥쌀가루 4컵, 찹쌀가루 1컵, 소금 $\frac{1}{2}$큰술
버터 2큰술, 우유 적당량
양배추 50g, 양파 $\frac{1}{3}$개, 오이 $\frac{1}{2}$개
소금 적당량, 햄 50g, 감자 50g
달걀 1개, 마요네즈 $\frac{1}{2}$컵

만들기

1. 멥쌀가루와 찹쌀가루에 소금을 넣고 체에 내린 다음 버터와 우유를 넣고 고루 비벼 섞어서 체에 내린다. [사진 1]
2. 찜기 중간틀에 젖은 면보를 깔고 스테인리스 떡틀을 놓은 다음 쌀가루를 고루 펴서 넣고 평평하게 한 다음 칼집을 넣는다. [사진 2]
3. 찜기에 물을 붓고 센불에 올려 끓으면 찜기 중간틀을 놓고 15분 정도 쪄서 한김 식힌다.
4. 양배추와 양파, 오이는 깨끗이 다듬어 씻어서 길이 5cm 정도로 채 썬 다음 소금에 절였다가 물기를 꼭 짜고, 햄도 같은 길이로 곱게 채 썬다. 감자는 씻어서 삶은 다음 껍질을 벗겨 체에 내리고, 달걀은 삶아서 다진다.
5. 채 썬 채소에 햄과 삶은감자, 달걀, 마요네즈를 넣고 버무려 떡샌드 소를 만든다. [사진 3]
6. 찐 떡의 한쪽 면에 떡샌드 소를 고루 펴서 담고 떡을 맞붙인 다음 2~4등분으로 썬다. [사진 4]

떡파르페

여러가지 채소를 넣고 떡을 말아서 간식용으로 먹을 수 있는 떡이다.

떡맛탕

쫄깃하고 달콤한 맛이 별미이며, 간식으로 좋다.

재료

가래떡 500g, 소금 적당량
녹말 적당량, 설탕 $\frac{1}{3}$컵
식용유 적당량, 흑임자 $\frac{1}{2}$작은술

만들기

1. 가래떡은 길이 2cm 정도로 썰어서 녹말을 넣고 고루 버무린다. [사진 1]

2. 팬에 식용유를 넣고 센불에 올려 기름온도가 140~150℃ 정도가 되면 녹말을 묻힌 가래떡을 넣고 노릇하게 2번 튀긴다. [사진 2]

3. 팬에 식용유 2큰술과 설탕을 넣고 약한 불에서 녹여 연한 갈색의 설탕물이 되면 튀긴 떡을 넣고 버무린다. [사진 3]

4. 버무린 떡을 그릇에 담고 흑임자를 고루 뿌린다. [사진 4]

피칸떡파이

한국의 맛과 서양의 맛이 잘 어우러져 조화를 이루는 떡이다.

재료

멥쌀가루 4컵, 찹쌀가루 1컵
소금 $\frac{1}{2}$큰술, 버터 $2\frac{1}{2}$큰술, 우유 $\frac{1}{4}$컵

소 :
통호두 10개, 설탕 $\frac{1}{3}$컵, 소금 적당량
물 1컵, 계피가루 $\frac{1}{5}$작은술, 버터 $\frac{1}{2}$작은술
물녹말 적당량

만들기

1. 멥쌀가루와 찹쌀가루에 소금을 넣고 체에 내린 다음 우유와 버터를 넣고 고루 비벼 섞어서 체에 내린다. [사진 1]

2. 호두는 따뜻한 물에 불려서 속껍질을 벗기고, 냄비에 호두와 설탕, 소금, 물을 넣고 졸이다가 계피가루와 버터를 넣고 끓여서 거의 졸여지면 물녹말을 넣고 걸쭉하게 졸여 소를 만든다. [사진 2]

3. 찜기 중간틀에 젖은 면보를 깔고 스테인리스 떡틀을 놓은 다음 쌀가루를 넣고 가운데 부분이 들어가도록 한다. [사진 3]

4. 찜기에 물을 붓고 센불에 올려 끓으면 찜기 중간틀을 놓고 15분 정도 찐다.

5. 찐 떡이 한김 식으면 졸인 호두를 고루 펴서 얹고, 200℃로 예열된 오븐에 넣어 10분 정도 굽는다. [사진 4]

사과떡파이

부드럽고 달콤한 사과와 쫄깃한 찰떡이 어우러진 떡파이이다.

푸른향기병

절편에 채소를 소로 넣고 빚은 떡이다.

재료

멥쌀가루 1$\frac{1}{2}$컵, 소금 $\frac{1}{3}$작은술
숙주 60g, 미나리 50g, 소금 $\frac{1}{4}$작은술

소양념 :
소금 0.4g, 깨소금 $\frac{1}{2}$작은술, 참기름 1작은술

참기름 1큰술

만들기

1. 멥쌀가루에 소금을 넣고 체에 내린 다음 물을 넣고 고루 비벼 섞는다.

2. 숙주는 머리와 꼬리를 떼고 깨끗이 씻고, 미나리는 잎을 떼어 내고 줄기를 깨끗이 씻는다. 냄비에 물을 붓고 센불에 올려 끓으면, 소금을 넣고 숙주와 미나리를 각각 1분 정도 데친 다음, 미나리는 물에 헹구어 물기를 빼고, 숙주는 체에 밭쳐 물기가 뺀다.

3. 데친 숙주와 미나리는 폭 0.5cm 정도로 썰고, 미나리는 10g 정도 남기고 나머지 분량에 각각 소금과 깨소금, 참기름을 나누어 넣고 양념한다. [사진 1]

4. 찜기에 물을 붓고 센불에 올려 끓으면 젖은 면보를 깔고 멥쌀가루를 넣어 15분 정도 찐다.

5. 찐 떡은 뜨거울 때 끈기가 생기도록 치대어 2등분 하고, $\frac{1}{2}$량에는 미나리 10g을 넣고 고루 섞이도록 다시 치댄다. [사진 2]

6. 떡 반죽은 밀대로 두께 0.5cm 정도로 각각 밀어 펴서 가로 · 세로 7cm 크기로 자른다. 흰떡반죽에는 숙주를 소로 넣고, 미나리를 넣은 반죽에는 미나리를 소로 넣어 떡자락을 덮어 삼각형 모양틀로 자른다. [사진 3, 4]

7. 참기름을 고루 바른다.

아롱다롱이

여러 가지 색깔의 띠가 이루는 조화가 아름답고,
사탕 모양이어서 어린이들이 좋아하는 떡이다.

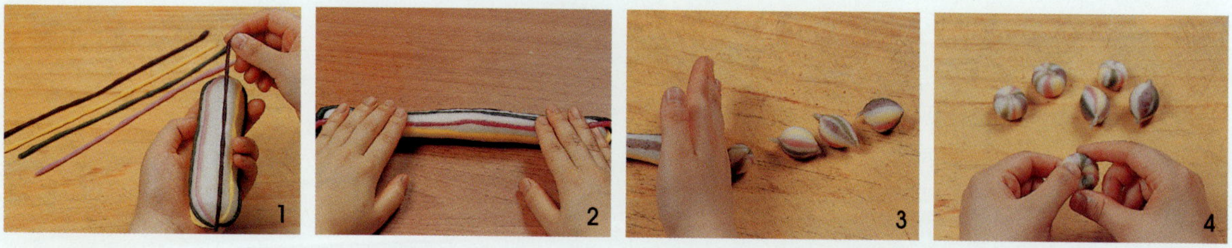

재료

멥쌀가루 2컵, 소금 $\frac{1}{2}$작은술

색 :
녹차가루 · 딸기가루 적당량
치자물 · 백련초가루 · 포도가루 적당량

참기름 적당량

만들기

1. 멥쌀가루에 소금을 넣고 섞어서 체에 내린 다음 물을 넣고 고루 비벼 섞는다.

2. 찜기에 물을 붓고 센불에 올려 끓으면 젖은 면보를 깔고 멥쌀가루를 넣어 15분 정도 찐다.

3. 찐 떡은 뜨거울 때 끈기가 생기도록 치대고, 50g은 떼어 5등분 하고 각각 녹차가루, 딸기가루, 치자물, 백련초가루, 포도가루를 넣고 고루 치대어 색을 들인 다음 폭 0.3cm 정도로 길게 늘여서 색떡 띠를 만든다. 나머지 흰떡은 길게 만든다.

4. 흰떡에 색떡 띠를 감아서 가래떡처럼 길게 늘인 다음 손을 세워 손날로 자르고, 사탕모양으로 만든다. [사진 1. 2. 3. 4]

5. 참기름을 고루 바른다.

색색말이떡

삼색의 감자정과를 떡에 넣고 말아서 만든 떡이다.

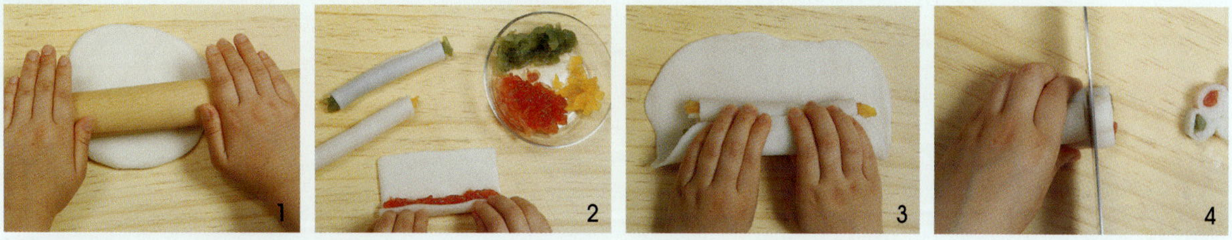

재료

멥쌀가루 5컵, 소금 $\frac{1}{2}$큰술, 설탕 2큰술

삼색감자정과 :

감자 100g, 설탕 50g, 물 1컵

색 :

딸기가루 1작은술, 치자물 2큰술
녹색식용색소 약간

만들기

1. 멥쌀가루에 소금을 넣고 섞어서 체에 내린 다음 물을 넣고 고루 비벼 섞은 후 설탕을 넣고 섞는다.

2. 감자는 깨끗이 씻어서 껍질을 벗기고 두께 0.2cm 정도로 썰어서 하루 정도 물에 담가 전분을 뺀 다음 3등분 한다. 감자는 끓는물에 데친 다음 다시 냄비에 감자와 물, 설탕을 각각 나누어 넣고 딸기가루와 치자물, 녹색식용색소를 넣어 약불에서 졸여 삼색의 감자정과를 만든다.

3. 찜기에 물을 붓고 센불에 올려 끓으면 젖은 면보를 깔고 쌀가루를 넣어 15분 정도 찐다.

4. 찐 떡은 뜨거울 때 끈기가 생기도록 치대어 3등분 하고 밀대로 두께 1cm 정도로 밀어 편다. [사진 1]

5. 떡 반죽에 삼색감자정과를 각각 넣고 말아서 다시 3개를 맞붙여 폭 1cm 정도로 썬다.[사진 2. 3. 4]

색동고리

다섯가지 색의 조화가 아름답고 쫄깃쫄깃하며 식감이 매우 좋은 떡이다.

쌈떡

오색 떡반죽과 흰색의 떡반죽을 맞대어 소를 넣고 보자기를 싸듯이 빚은 떡이다.

재료

멥쌀가루 5컵, 소금 $\frac{1}{2}$큰술

색 :

딸기가루, 치자물, 녹차가루 적당량

소 :

거피팥고물 1컵, 소금 $\frac{2}{3}$작은술
분태땅콩 30g, 꿀 적당량

잣 적당량, 참기름 1큰술

만들기

1. 멥쌀가루에 소금을 넣고 체에 내린 다음 물을 넣고 고루 비벼 섞는다.
2. 거피팥고물에 분태땅콩과 소금, 꿀을 넣고 고루 섞어서 4g씩 떼어 동그랗게 소를 만든다. [사진 1]
3. 찜기에 물을 붓고 센불에 올려 끓으면 젖은 면보를 깔고 쌀가루를 넣어 15분 정도 찐다.
4. 찐 떡은 뜨거울 때 끈기가 생기도록 치대어 $\frac{1}{2}$량은 그대로 두고, 나머지 떡반죽은 3등분 하여 각각 딸기가루, 치자물, 녹차가루를 넣고 고루 치대어 색을 들인다.
5. 각각의 색을 들인 반죽은 밀대로 두께 0.5cm 정도로 밀어 펴고, 흰색반죽은 두께 0.2cm 정도로 밀어 편다. 붉은색, 노란색, 녹색 반죽의 안쪽에 각각 흰색반죽을 나누어 겹친 다음 다시 한번 밀대로 두께 0.3cm 정도로 밀어 펴서 가로·세로 5cm 정도로 자른다. [사진 2]
6. 떡 반죽 가운데에 거피팥소를 놓고 떡자락의 네귀퉁이를 보자기 싸듯이 맞붙여 네모지게 만든다. [사진 3]
7. 나머지 색을 들인 떡반죽을 꽃모양 틀로 찍어 잣과 함께 쌈떡에 장식하고, 참기름을 바른다. [사진 4]

토끼귀떡

절편 반죽에 팥소를 넣고 쌈떡과 같이 보자기 싸듯이 감싸서 토끼 귀 모양처럼 만든 떡이다.

조가비떡

살구정과 소를 넣고 조가비 모양으로 만든 떡이다.

재료

멥쌀가루 6컵, 소금 $\frac{1}{2}$큰술

색 :

딸기가루 · 치자물 · 쑥가루 적당량

소 :

거피팥고물 1컵, 소금 $\frac{2}{3}$작은술

살구정과 :

건살구 100g, 물 $\frac{1}{2}$컵, 설탕 3큰술

만들기

1. 멥쌀가루에 소금을 넣고 고루 섞어서 체에 내린 다음 물을 넣고 고루 비벼 섞는다. [사진 1]
2. 건살구는 곱게 다진 다음 냄비에 물과 설탕을 함께 넣고 졸여서 살구 정과를 만들고, 거피팥고물과 소금을 함께 넣고 섞어서 둥글게 소를 만든다.
3. 찜기에 물을 붓고 센불에 올려 끓으면 젖은 면보를 깔고 쌀가루를 넣어 15분 정도 찐다.
4. 찐 떡은 뜨거울 때 끈기가 생기도록 치대어 3등분 하고 각각 딸기가루, 치자물, 쑥가루를 넣고 고루 치대어 색을 들인 다음 밀대로 두께 0.3cm 정도로 밀어 편다. [사진 2]
5. 떡 반죽에 소를 넣고 떡자락을 덮어 삼각형의 주름이 있는 떡틀로 찍은 다음 양 끝을 붙여서 조가비떡을 만든다. [사진 3]
6. 나머지 색을 들인 떡반죽은 꽃모양을 만들어 조가비떡 위에 장식한다. [사진 4]

팽이떡

팽이의 돌아가는 모양을 연상케 하는 재미있는 떡이다.

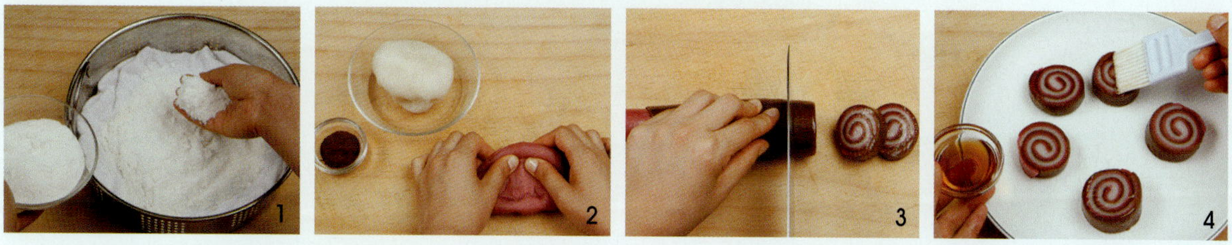

재료

멥쌀가루 3컵, 소금 $\frac{1}{4}$큰술

색 : 커피가루 3g, 백련초가루 1g

참기름 적당량

만들기

1. 멥쌀가루에 소금을 넣고 체에 내린 다음 물을 넣고 고루 비벼 섞는다.

2. 찜기에 물을 붓고 센불에 올려 끓으면, 젖은 면보를 깔고 멥쌀가루를 넣은 후 15분 정도 찐 다음 뜨거울 때 끈기가 생기도록 치댄다. [사진 1]

3. 떡반죽은 3등분 하여 $\frac{1}{3}$은 그대로 두고, 나머지 반죽에 각각 백련초가루와 커피가루를 넣고 치대어 색을 들인다. [사진 2]

4. 각각의 반죽은 밀대로 두께 0.3cm 정도로 밀어 펴서, 각각의 반죽을 겹쳐 놓고 말아서 폭 1.5cm 정도로 썬다. [사진 3]

5. 참기름을 고루 바른다. [사진 4]

회오리떡

썰어놓은 단면이 마치 회오리 같다고 하여 붙여진 이름으로 쫄깃한 떡과 달콤한 앙금이 조화를 이룬 떡이다.

색동볼록떡

삼색의 띠를 둘러 볼록하게 만든 떡으로 대추의 향과 팥앙금의 단맛이 어우러진 떡이다.

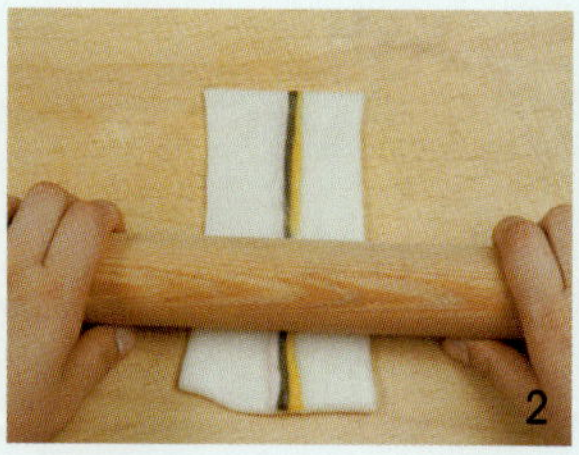

재료

멥쌀가루 $1\frac{1}{2}$컵, 찹쌀가루 $\frac{1}{2}$컵
소금 $\frac{1}{2}$작은술

색 :
쑥가루 0.8g, 치자물 5g(치자 2g+물 15g)
딸기가루물 5g(딸기가루 1g+물 5g)

소 : 팥앙금 40g, 대추 2개

참기름 1큰술

만들기

1. 멥쌀가루에 찹쌀가루와 소금을 넣고 체에 내린 다음 물을 넣고 고루 비벼 섞는다.
2. 대추는 젖은 면보로 닦고 살만 돌려깎아서 곱게 다진 다음, 팥앙금에 넣고 섞어서 4g 정도씩 떼어 대추모양으로 소를 빚는다.
3. 찜기에 물을 붓고 센불에 올려 끓으면 젖은 면보를 깔고 쌀가루를 넣어 15분 정도 찐다.
4. 찐 떡은 뜨거울 때 끈기가 생기도록 치대고, 60g은 떼어서 3등분 하여 각각 쑥가루와 치자물, 딸기가루물을 넣고 고루 치대어 색을 들인 다음 폭 0.3cm 정도로 길게 늘여서 색떡 띠를 만든다. [사진 1]
5. 나머지 떡은 밀대로 두께 0.5cm 정도로 밀어 편 다음 가운데 길게 3색의 색떡 띠를 놓고, 다시 밀대로 두께 0.3cm 정도로 밀어 편다. [사진 2]
6. 떡의 가운데 빚어 놓은 팥앙금소를 놓고 떡자락으로 덮은 다음, 개피떡 틀로 찍고 양쪽 끝을 붙여서 색동볼록떡을 만든다. [사진 3. 4]
7. 참기름을 고루 바른다.

꽃떡

흰 절편을 묶은 삼색의 띠가 앙증스럽고 팥앙금의 달콤한 맛을 느낄 수 있는 떡이다.

재료

멥쌀가루 2컵, 소금 $\frac{1}{2}$작은술
팥앙금 70g

색 :

딸기가루 · 녹차가루 · 치자물 적당량

만들기

1. 멥쌀가루에 소금을 넣고 섞어서 체에 내린 다음 물을 넣고 고루 비벼 섞는다.
2. 팥앙금은 7g 정도로 떼어 길이 4cm, 폭 1cm 정도로 소를 빚는다.
3. 찜기에 물을 붓고 센불에 올려 끓으면 젖은 면보를 깔고 멥쌀가루를 넣어 15분 정도 찐다. [사진 1]
4. 찐 떡은 뜨거울 때 끈기가 생기도록 치대고, 60g은 떼어 3등분 하고 각각 딸기가루, 녹차가루, 치자물을 넣고 고루 치대어 색을 들인 다음 폭 0.3cm 정도로 길게 늘여서 색떡 띠를 만든다. [사진 2]
5. 흰색의 떡반죽은 밀대로 두께 0.5cm 정도로 밀어 펴서 직경 5cm 정도의 둥근 떡틀로 찍는다. [사진 3]
6. 흰색 절편 가운데에 팥앙금 소를 넣고 감싼 다음 삼색의 띠로 묶거나 꽃모양을 만들어 장식한다. [사진 4]

피리떡

여러 가지의 자연 색이 흰색의 떡 위로 은은하게 비치는 색의 조화가 아름다운 떡이다.

잎새말이떡

봄 냄새 물씬 풍기는 쑥의 향과 고구마의 달콤하고 구수한 맛이 어우러진 떡이다.

재료

멥쌀가루 2컵, 소금 $\frac{1}{2}$작은술
쑥가루 $\frac{1}{2}$큰술

소 :
고구마 1개, 설탕 1큰술
계피가루 적당량

참기름 적당량

만들기

1. 멥쌀가루에 소금을 넣고 섞어서 체에 내린 다음 물을 넣고 고루 비벼 섞는다.
2. 고구마는 깨끗이 씻어서 찜통에 찐 다음 껍질을 벗기고 체에 내린다. 체에 내린 고구마는 다시 냄비에 넣고 설탕과 계피가루를 넣고 졸여서 소를 만든다. [사진 1]
3. 찜기에 물을 붓고 센불에 올려 끓으면 젖은 면보를 깔고 멥쌀가루를 넣어 15분 정도 찐다.
4. 찐 떡은 뜨거울 때 쑥가루를 넣고 끈기가 생기도록 고루 치대어 색을 들인 다음 30~40g 정도로 떼어 나뭇잎 모양의 절편을 빚는다. [사진 2, 3]
5. 절편 가운데에 고구마소를 놓고 둥글게 만다. [사진 4]
6. 참기름을 고루 바른다.

잎새떡

고소한 팥소를 넣어 말은 말이떡이다.

하늬바람

각각의 색을 들인 떡이 가을 하늘의 뭉게구름처럼 아름다운 떡이다.

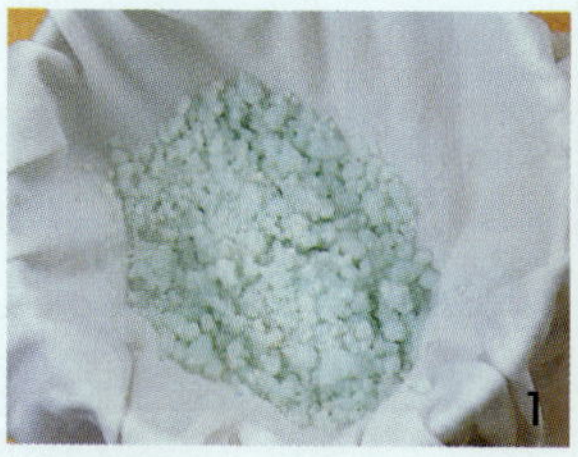

재료

멥쌀가루 4컵, 소금 1작은술

색 :

딸기가루물 5g(딸기가루 0.5g+물 5g)
파워에이드 6큰술

팥앙금 100g
참기름 적당량

만들기

1. 멥쌀가루에 소금을 넣고 고루 섞어서 체에 내린 다음 2등분 하고, $\frac{1}{2}$량에는 파워에이드를 넣고 고루 비벼 섞고, 나머지 $\frac{1}{2}$량에는 물을 넣고 고루 비벼 섞는다.

2. 팥앙금은 둥글게 소를 빚는다.

3. 찜기에 물을 붓고 센불에 올려 끓으면 젖은 면보를 깔고 각각의 쌀가루를 넣어 15분 정도 찐다. [사진 1]

4. 찐 떡은 뜨거울 때 끈기가 생기도록 치대고, 흰색의 떡반죽은 2등분 하여 $\frac{1}{2}$량은 그대로 두고 나머지 떡은 딸기가루물을 넣고 고루 치대어 색을 들인다. [사진 2]

5. 각각의 떡반죽은 밀대로 두께 0.5cm 정도로 밀어 펴서 직경 6cm 정도의 둥근 틀로 찍은 다음 다시 작은 원형틀로 찍어 모양을 낸다. [사진 3]

6. 각각의 큰 떡과 작은 떡은 색깔 맞춰 엇갈리게 붙이고 가운데에 팥앙금소를 놓고 떡자락을 덮어 하늬바람떡을 만들고, 참기름을 고루 바른다. [사진 4]

댕기떡

만두 모양으로 빚어 누구나 만들 수 있으며, 한번쯤 해보고 싶은 마음이 생기는 떡이다.

태극절편

흰 절편 위에 전통 태극모양을 찍어 시각적으로 한국적 이미지를 살린 떡이다.

재료

멥쌀가루 2컵, 소금 $\frac{1}{2}$작은술
백련초가루 · 치자물 · 쑥가루 적당량
참기름 1큰술

만들기

1. 멥쌀가루에 소금을 넣고 섞어서 체에 내린 다음 물을 넣고 고루 비벼 섞는다.

2. 찜기에 물을 붓고 센불에 올려 끓으면 젖은 면보를 깔고 멥쌀가루를 넣어 15분 정도 찐다. [사진 1]

3. 찐 떡은 뜨거울 때 끈기가 생기도록 치대고, 60g은 떼어 3등분 하여 각각 백련초가루, 치자물, 쑥가루를 넣고 고루 치대어 색을 들인 다음 조금씩 떼어서 둥글게 만든다. [사진 2]

4. 흰색의 떡반죽은 밀대로 두께 1cm 정도로 밀어 펴서 가로 · 세로 5cm 정도로 자르고 색을 들인 삼색의 떡반죽으로 장식한 다음 떡살로 찍어 모양을 낸다. [사진 3. 4]

5. 참기름을 고루 바른다.

포도송이절편

흰 절편 위에 탐스러운 포도송이로 장식하여 시각적으로 아름다운 떡이다.

고깔떡

아이들의 고깔 모자와 같은 모양이며, 흑임자의 구수한 맛을 느낄 수 있는 떡이다.

재료

멥쌀가루 $3\frac{1}{2}$컵, 찹쌀가루 $\frac{1}{2}$컵, 소금 1작은술

색 :
흑임자가루 30g
딸기가루물 5g(딸기가루 1g+물 5g)
치자물 5g(치자 2g+물 15g), 포도가루 2g

소 : 팥앙금 50g

참기름 1큰술

만들기

1. 멥쌀가루에 찹쌀가루와 소금을 넣고 고루 비벼 섞어서 체에 내린 다음 물을 넣고 고루 비벼 섞어 체에 내린다.

2. 찜기에 물을 붓고 센불에 올려 끓으면, 젖은 면보를 깔고 쌀가루를 넣어 15분 정도 찐다. [사진 1]

3. 찐 떡은 뜨거울 때 끈기가 생기도록 치대어 $\frac{1}{2}$량에는 흑임자 가루를 넣고 치대어 색을 들이고, 나머지 $\frac{1}{2}$량은 4등분 하여 하나는 그대로 두고 각각 딸기가루물과 치자물, 포도가루를 넣고 치대어 색을 들인다.

4. 각각의 색을 들인 반죽은 밀대로 두께 0.5cm 정도로 밀어 펴고, 흑임자반죽은 두께 0.1cm 정도로 밀어 편다. 흰색, 붉은색, 노란색, 포도색 반죽의 안쪽에 각각 흑임자반죽을 나누어 겹친 다음 다시 한 번 밀대로 두께 0.3cm 정도로 밀어 펴서 가로 · 세로 5cm 정도로 자른다. [사진 2, 3]

5. 팥앙금은 4g씩 떼어 둥글게 소를 만든다. 떡 반죽 가운데에 팥앙금을 놓고 떡 자락을 덮어 삼각형 모양으로 접은 다음 양쪽 끝을 오므려 붙여 고깔 모양을 만든다. [사진 4]

6. 참기름을 고루 바른다.

신바람떡

모양은 개피떡과 같으며 백련초와 쑥의 은은한 향과 소의 맛을 함께 즐길 수 있는 떡이다

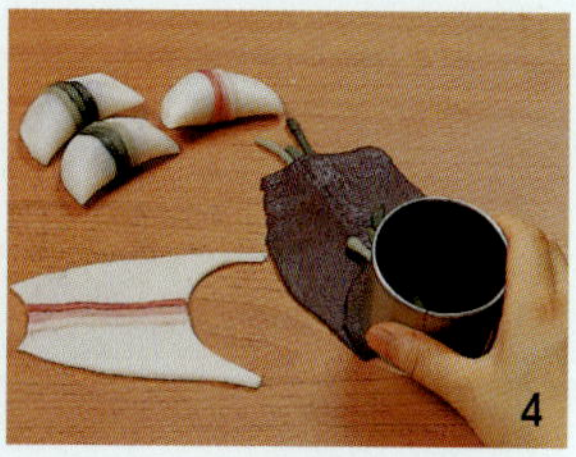

재료

멥쌀가루 5컵, 소금 $\frac{1}{2}$큰술
흑미가루 2컵, 소금 $\frac{1}{2}$작은술

색 : 백련초가루 · 쑥가루 적당량

소 : 팥앙금 100g

참기름 적당량

만들기

1. 멥쌀가루와 흑미가루는 각각 소금을 넣고 섞어서 체에 내린 다음 물을 넣고 고루 비벼 섞는다.
2. 팥앙금은 둥글게 소를 빚는다.
3. 찜기에 물을 붓고 센불에 올려 끓으면 젖은 면보를 깔고 각각의 쌀가루를 넣어 15분 정도 찐 다음 뜨거울 때 끈기가 생기도록 치댄다.
4. 흰색 떡반죽은 100g 정도로 떼어 2등분 한 다음, 다시 3등분 하여 각각 백련초가루와 쑥가루의 비율을 달리 넣고 고루 치대어 색을 들이고 폭 0.3cm 정도로 길게 늘여서 삼색의 색떡 띠를 만든다. [사진 1]
5. 나머지 흰색 떡반죽과 흑미 떡반죽은 밀대로 두께 0.5cm 정도로 밀어 편 다음 가운데 길게 3색의 색떡 띠를 놓고, 다시 밀대로 두께 0.3cm 정도로 밀어 편다. [사진 2, 3]
6. 떡의 가운데에 빚어 놓은 팥앙금소를 놓고 떡자락으로 덮은 다음 개피떡 틀로 찍는다. [사진 4]
7. 참기름을 고루 바른다.

두리팥소

떡 사이사이에 팥소가 들어가 있는 떡으로 쫄깃한 떡과 팥소의 부드럽고 달콤한 맛이 어우러진 떡이다.

재료

멥쌀가루 2컵, 찹쌀가루 1컵 소금 $\frac{1}{4}$큰술

색 :
쑥가루 1.5g, 치자물 10g(치자 2g+물 10g)
딸기가루물 5g(딸기가루 0.5g+물 5g)

소 : 팥앙금 50g

참기름 1큰술

만들기

1. 멥쌀가루에 찹쌀가루와 소금을 넣고 고루 비벼 섞어서 체에 내린 다음 물을 넣고 고루 섞는다.
2. 팥앙금은 2g 정도씩 떼어서 동글납작하게 빚어 두리팥소를 만든다.
3. 찜기에 물을 붓고 센불에 올려 끓으면 젖은 면보를 깔고 쌀가루를 넣어 15분 정도 찐다. [사진 1]
4. 찐 떡은 뜨거울 때 끈기가 생기도록 치대고 4등분 하여 $\frac{1}{4}$량은 그대로 두고, 나머지 떡에 각각 쑥가루, 치자물, 딸기가루물을 넣고 고루 치대어 색을 들인다. [사진 2]
5. 찐 떡은 각각 밀대로 두께 0.3cm 정도로 밀어 펴서 원형틀로 찍는다. [사진 3]
6. 원형의 절편 사이에 빚어놓은 두리팥소를 넣고 세겹으로 포개고 겉의 테두리를 눌러 주어 떡의 켜가 생기도록 한다. [사진 4]
7. 참기름을 고루 바른다.

아이스크림떡

오색 절편 속에 아이스크림을 넣어 만든 입안에 부드럽게 녹는 떡이다.

팥소롤

절편 사이사이에 들어 있는 소가 잎사귀 모양을 이루는 떡이다.

1

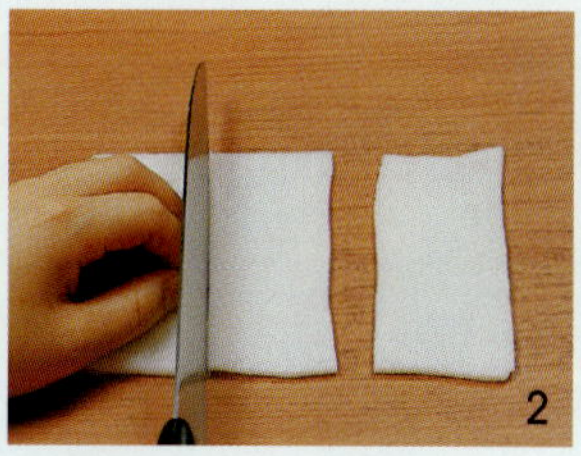

2

3

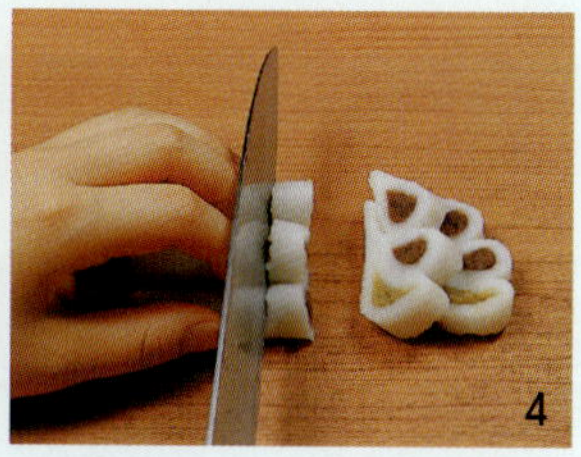

4

재료

멥쌀가루 3컵, 소금 1작은술
팥앙금 100g, 완두앙금 100g
참기름 적당량

만들기

1. 멥쌀가루에 소금을 넣고 고루 섞어서 체에 내린 다음 물을 넣고 고루 비벼 섞는다.

2. 팥앙금과 완두앙금은 폭 1cm, 길이 10cm 정도로 길게 빚어 소를 만든다.

3. 찜기에 물을 붓고 센불에 올려 끓으면 젖은 면보를 깔고 멥쌀가루를 넣어 15분 정도 찐다.

4. 찐 떡은 뜨거울 때 끈기가 생기도록 치대고 밀대로 두께 0.5cm 정도로 밀어 편 다음 가로 5cm, 세로 10cm 정도로 자른다. [사진 1. 2]

5. 떡의 가운데에 빚어 놓은 팥앙금과 완두앙금 소를 각각 놓고 떡자락을 덮는다. 완두앙금을 넣은 떡 1개와 팥앙금을 넣은 떡 2개를 맞붙여 폭 1cm 정도로 썬다. [사진 3. 4]

6. 참기름을 고루 바른다.

단호박흑미말이

단호박과 흑미로 전통문양을 살린 멋스러운 떡이다.

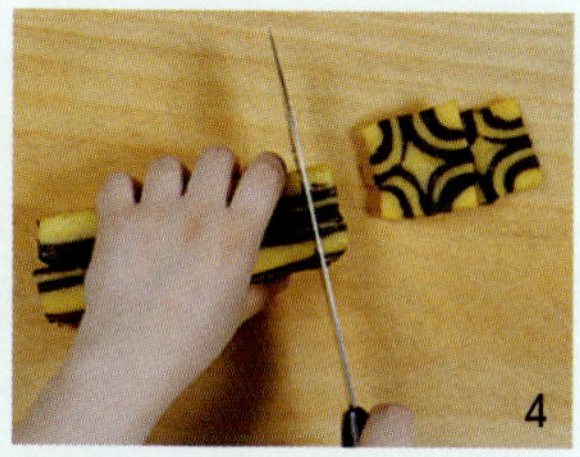

재료

흑미찰떡 :
찹쌀가루 8컵, 흑미가루 2컵
소금 1큰술, 설탕 $\frac{1}{2}$컵

단호박찰떡 :
찹쌀가루 10컵
단호박(찐 것) 300g, 소금 1큰술
설탕 $\frac{1}{3}$컵

참기름 적당량

만들기

1. 찹쌀가루에 흑미가루와 소금을 넣고 고루 섞어서 체에 내린 다음 물과 설탕을 넣고 고루 비벼 섞는다. [사진 1]

2. 찹쌀가루에 찐 단호박과육과 소금을 넣고 고루 비벼 섞어서 체에 내린 다음 설탕을 넣고 고루 비벼 섞는다.

3. 찜기에 물을 붓고 센불에 올려 끓으면 젖은 면보를 깔고 각각의 쌀가루를 넣어 15분 정도 찐 다음 꽈리가 일도록 방망이로 친다.

4. 흑미찰떡은 두께 0.5cm 정도로 밀어 펴고, 단호박찰떡은 2등분 하여 $\frac{1}{2}$량은 폭 1cm 정도의 가래떡 모양으로 빚고, 나머지 떡은 두께 0.5cm 정도로 밀어 편다.

5. 흑미찰떡 위에 가래떡 모양의 단호박찰떡을 놓고 둥글게 만 다음, 다시 밀어 편 다음 단호박찰떡 위에 놓고 둥글게 말아서 길이로 4등분 한다. [사진 2, 3]

6. 4등분한 떡은 뒤집어서 등을 맞대어 붙이고 냉동실에 3시간 정도 두었다가 폭 1cm 정도로 썬 다음 참기름을 고루 바른다. [사진 4]

흑미말이

흑미의 검은색과 단호박의 노란색이 잘 조화된 떡이다.

1

2

3

4

재료

찹쌀가루 4컵, 흑미가루 1컵
소금 1작은술, 설탕 3큰술
찹쌀가루 2컵, 단호박(찐 것) 70g
대추 4개, 밤 2개
설탕 2큰술, 잣 1작은술, 호두 4개
참기름 적당량

만들기

1. 찹쌀가루에 흑미가루와 소금, 물을 넣고 고루 섞어서 체에 내린 다음 설탕을 넣고 고루 섞는다. [사진 1]

2. 대추는 젖은 면보로 닦고 살만 돌려 깎아서 0.5cm 크기로 썰고, 밤도 껍질을 벗기고 대추와 같은 크기로 썬다. 호두는 대추와 같은 크기로 썰고, 잣은 면보로 닦아서 고깔을 뗀다. 냄비에 대추, 밤, 호두, 잣을 넣고 설탕을 넣어 졸인다.

3. 찹쌀가루에 찐 단호박과육과 소금을 넣고 고루 섞어서 체에 내린 다음 졸인 견과류를 넣고 고루 섞는다. [사진 2, 3]

4. 찜기에 물을 붓고 센불에 올려 끓으면 젖은 면보를 깔고 각각의 쌀가루를 넣어 15분 정도 찐 다음 흑미 찰떡은 방망이로 꽈리가 일도록 친다.

5. 김발에 비닐랩을 깔고 흑미 찰떡을 두께 2cm 정도로 평평하게 반대기를 짓는다. 그 위에 단호박 찰떡을 두께 2cm 정도로 둥글고 길게 펴서 놓고 삼각지게 말아서 냉동실에 넣고 2~3시간 정도 지나면 꺼내어 폭 2cm 정도로 썬다. [사진 4]

6. 참기름을 고루 바른다.

생강단자

생강을 갈아서 설탕에 졸여 쌀가루에 넣고 찐 떡으로 입안에 퍼지는 생강의 향이 독특하여 어른들이 특히 좋아하는 떡이다.

재료

찹쌀가루 2컵, 소금 $\frac{1}{2}$작은술, 설탕 1큰술
생강 50g, 물 3큰술, 설탕 2큰술
잣가루 7큰술

만들기

1. 찹쌀가루에 소금과 물을 넣고 고루 비벼 섞어서 체에 내린다.

2. 생강은 깨끗이 씻어서 껍질을 벗기고 강판에 간 다음 냄비에 물, 설탕과 함께 넣고 중불에서 5분 정도 졸인 다음 약불로 낮추어 3분 정도 더 졸여 식힌다. [사진 1]

3. 찹쌀가루에 생강 졸인 것을 넣고 고루 비벼 섞은 다음 설탕을 넣고 고루 섞는다. [사진 2]

4. 찜기에 물을 붓고 센불에 올려 끓으면 젖은 면보를 깔고 찹쌀가루를 넣어 15분 정도 찐다.

5. 찐 찰떡은 방망이로 꽈리가 일도록 쳐서, 두께 2cm 정도로 평평하게 반대기를 지은 다음 17g씩 떼어 잣가루를 고루 묻힌다. [사진 3, 4]

둥굴레찰떡

삶은 둥굴레를 갈아 넣고 찐 찰떡에 잣가루고물을 묻혀 구수한 향과 고소한 맛이 어우러진 떡이다.

재료

찹쌀가루 2컵, 소금 $\frac{1}{2}$작은술
둥굴레 15g, 삶는물 1$\frac{3}{4}$컵, 물 2큰술
설탕 3큰술
잣가루 7큰술

만들기

1. 냄비에 둥굴레와 삶는 물을 붓고 센불에 올려 끓으면 중불로 낮추어 15분 정도 삶다가, 약불로 낮추어 5분 정도 삶아서 믹서에 물과 함께 넣고 곱게 간다. [사진 1]

2. 찹쌀가루에 소금과 갈아 놓은 둥굴레를 넣고 고루 비벼 섞어서 체에 내린 다음 설탕을 넣고 고루 섞는다. [사진 2]

3. 찜기에 물을 붓고 센불에 올려 끓으면 젖은 면보를 깔고 쌀가루를 넣어 15분 정도 찐다. [사진 3]

4. 찐 찰떡은 방망이로 꽈리가 일도록 친다.

5. 찰떡은 두께 2cm 정도로 평평하게 반대기를 지은 다음 가로 3cm 세로 4cm 정도로 썰고, 잣가루를 고루 묻힌다. [사진 4]

한가득떡

거피팥 소를 넉넉히 넣고 빚은 떡으로 간식이나 식사대용으로 좋다.

재료

분홍색반죽 :
찹쌀가루 1컵
딸기가루물 5g(딸기가루 3g+물 5g)
소금 $\frac{1}{4}$작은술

쑥색반죽 :
찹쌀가루 1컵, 쑥가루 2.5g
소금 $\frac{1}{4}$작은술

거피팥 100g, 소금 $\frac{1}{2}$작은술

소 :
거피팥고물 100g, 잣 1큰술
계피가루 0.5g, 꿀 1큰술

만들기

1. 찹쌀가루에 각각의 소금과 물을 넣고 체에 내린 다음 딸기가루물과 쑥가루를 넣고 고루 비벼 섞어서 다시 체에 내린다.

2. 거피팥은 7배의 물에 8시간 정도 불려 씻는다. 찜기에 젖은 면보를 깔고 거피팥을 넣은 후 40분 정도 찌고, 뜨거울 때 소금을 넣고 방망이로 찧어 체에 내린다.

3. 잣은 면보로 닦아서 고깔을 떼고 굵게 다진 다음, 거피팥 고물 $\frac{1}{2}$량에 계피가루와 꿀을 함께 넣고 반죽하여 8g 정도로 떼어 직경 2~3cm 정도로 둥글게 빚어 소를 만든다. [사진 1]

4. 찜기에 물을 붓고 센불에 올려 끓으면 각각의 색을 들인 쌀가루를 넣고 고루 펴서 15분 정도 찐다. [사진 2]

5. 찐 떡이 뜨거울 때 방망이로 꽈리가 생기도록 쳐서 15g씩 떼어 소를 넣고 직경 4cm 크기로 둥글게 빚고, 거피팥고물을 고루 묻힌다. [사진 3, 4]

대추찰떡

대추의 진한 향이 입안 가득 느껴지는 건강한 찰떡이다.

재료

찹쌀가루 $2\frac{1}{2}$컵, 소금 $\frac{1}{2}$작은술
대추고 20g(대추 8개, 물 2컵)
설탕 1큰술
대추 6개
거피팥 40g
소금 $\frac{1}{4}$작은술

만들기

1. 거피팥은 7배의 물에 8시간 정도 불려 씻는다. 찜기에 젖은 면보를 깔고 거피팥을 넣은 후 40분 정도 찌고, 뜨거울 때 소금을 넣고 방망이로 찧어 체에 내린다.

2. 대추즙용 대추는 깨끗이 씻어서 냄비에 대추와 물을 붓고 센불에 올려 끓으면, 중불로 낮추어 30분 정도 끓여 과육은 체에 내려 대추즙을 만들고, 씨와 껍질은 버린다. 대추즙은 다시 냄비에 붓고 센불에 올려 끓으면 약불로 낮추어 10분 정도 졸여 대추고를 만들어 식힌다. [사진 1]

3. 대추는 젖은 면보로 깨끗이 닦아 살만 돌려깎아 곱게 다진다.

4. 찹쌀가루에 소금과 대추고를 넣고 고루 비벼 섞은 다음 체에 내리고, 물과 설탕을 넣고 고루 섞는다. [사진 2]

5. 찜기에 물을 붓고 센불에 올려 끓으면 젖은 면보를 깔고 찹쌀가루를 넣어 15분 정도 찐다.

6. 찐 찰떡에 다진 대추를 넣고 방망이로 꽈리가 일도록 친 다음 두께 2cm 정도로 평평하게 반대기를 만들고, 가로 3cm, 세로 4cm 정도로 잘라 거피팥고물을 고루 묻힌다. [사진 3. 4]

귤병단자

귤껍질을 설탕물에 졸여서 인절미에 넣고 쳐서 만든 떡으로 귤껍질의
씹히는 맛과 향이 별미인 떡이다.

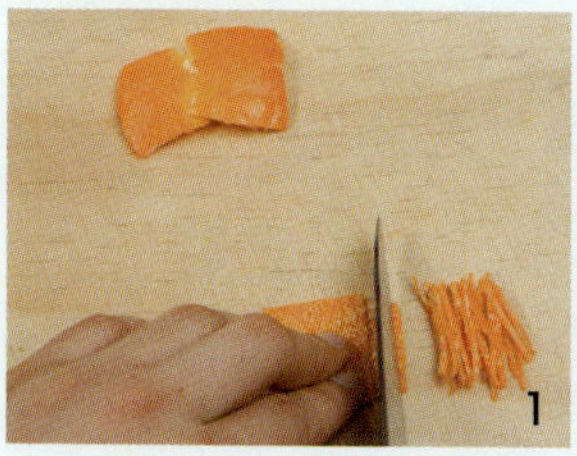

재료

찹쌀가루 2컵, 소금 $\frac{1}{2}$작은술
귤껍질 50g, 꿀 $\frac{2}{3}$큰술, 설탕 1작은술
물 $1\frac{1}{3}$큰술
잣가루 7큰술

만들기

1. 찹쌀가루에 소금을 넣고 체에 내린 다음 물을 넣고 고루 비벼 섞는다.
2. 귤껍질은 깨끗이 씻어서 물기를 닦고, 껍질 안쪽의 흰 부분을 저며 낸 다음 껍질 부분만 폭 0.2cm 정도로 채 썬다. [사진 1]
3. 냄비에 채 썬 귤껍질과 꿀, 설탕, 물을 넣고 중불에 올려 끓으면 약불로 낮추어 3분 정도 졸인다. [사진 2]
4. 찜기에 물을 붓고 센불에 올려 끓으면 젖은 면보를 깔고 찹쌀가루를 넣어 15분 정도 찐다.
5. 찐 찰떡에 졸인 귤을 넣고 방망이로 꽈리가 일도록 친 다음, 25g 정도로 떼어 둥글게 빚고 잣가루를 고루 묻힌다. [사진 3, 4]

보슬인절미

달콤한 카스테라 고물을 이용하여 단맛을 좋아하는 어린이들의 간식으로 좋은 떡이다.

삼색감로빈

색색의 찹쌀떡에 꿀에 절인 귤병과 생강, 대추를 고명으로 올린
쫄깃한 맛과 향이 별미인 떡이다.

재료

흰색반죽 :
찹쌀가루 $\frac{2}{3}$컵, 소금 0.7g

쑥색 반죽 :
찹쌀가루 $\frac{2}{3}$컵, 소금 0.7g, 쑥가루 1g

딸기색 반죽 :
찹쌀가루 $\frac{2}{3}$컵, 소금 0.7g
딸기가루물 6g(딸기가루 1g+물 5g)

고명 :
귤껍질 30g, 대추 12g(3개), 생강 10g
후춧가루 0.1g, 꿀 $1\frac{1}{2}$큰술

시럽 : 설탕 5큰술, 물 5큰술

식용유 2큰술

만들기

1. 찹쌀가루에 각각의 소금과 쑥가루, 딸기가루물을 넣고 고루 비벼 섞어서 체에 내린다. [사진 1]

2. 고명용 귤껍질은 씻어서 물기를 닦고 안쪽의 흰 속껍질 부분은 저며서 버리고, 껍질 부분만 길이 2cm 정도로 곱게 채 썬다.

3. 고명용 대추는 젖은 면보로 닦고 살만 돌려깎아서 밀대로 얇게 밀어 펴서 폭 0.1cm 정도로 채 썬다. 생강은 다듬어 씻어서 길이 2cm, 폭 · 두께 0.1cm 정도로 채 썰어 물에 담가 매운맛을 뺀다. 채 썬 귤껍질에 대추와 생강, 후춧가루, 꿀을 넣고 고루 섞어 감로빈 고명을 만든다. [사진 2]

4. 냄비에 설탕과 물을 붓고 끓으면 중불에서 5분 정도 끓여 식혀 시럽을 만든다.

5. 각각의 찹쌀가루에 끓는 물을 넣고 익반죽 한 다음 각각 직경 3.5cm, 두께 0.4cm 정도로 둥글납작하게 빚는다. [사진 3]

6. 팬을 달구어 식용유를 두르고 빚어 놓은 찹쌀반죽을 놓고, 약불에서 앞뒤로 지진 다음 가운데에 고명을 올린다. [사진 4]

7. 삼색 감로빈을 그릇에 담고 시럽을 뿌린다.

다소미

비트의 정열적인 붉은색과 생딸기의 은은한 색이 잘 어우러진 떡이다.

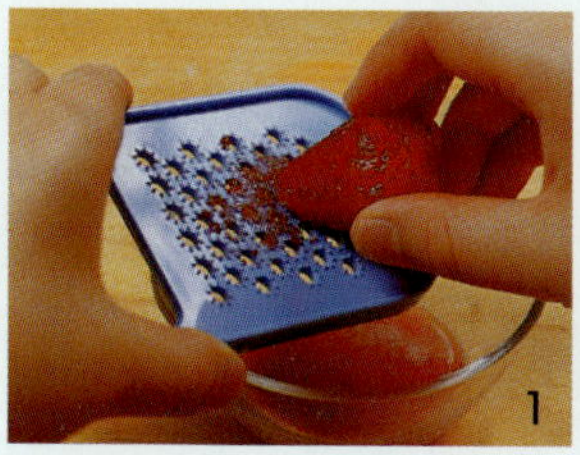

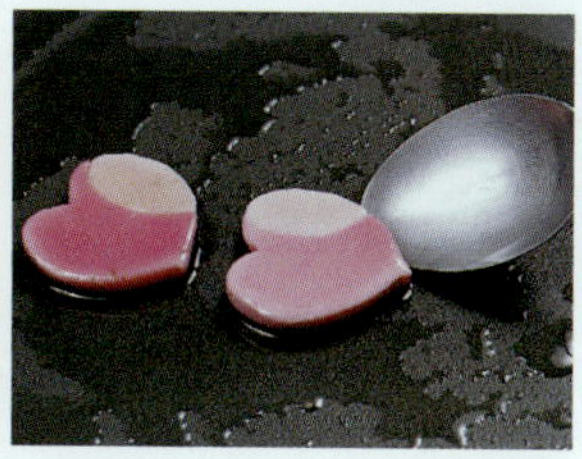

재료

찹쌀가루 3컵, 소금 1작은술
비트즙 $\frac{2}{3}$큰술, 생딸기즙 3큰술
식용유 · 꿀(시럽) 적당량

만들기

1. 비트와 생딸기는 강판에 갈아서 즙을 만든다. [사진 1]

2. 찹쌀가루에 소금을 넣고 체에 내린 다음 2등분 하고 각각 비트즙과 딸기가루를 넣고 고루 비벼 섞어서 체에 내린다.

3. 각각의 색을 들인 쌀가루에 끓는 물을 넣고 익반죽 하여 밀대로 두께 0.5cm 정도로 밀어 편 다음 하트모양의 떡틀로 찍는다. [사진 2]

4. 하트모양의 떡반죽은 다시 떡틀로 $\frac{1}{2}$로 잘라 각각의 떡반죽을 색깔 맞춰 엇갈리게 붙인다. [사진 3]

5. 팬을 달구어 식용유를 두른 다음 빚어 놓은 찹쌀반죽을 놓고, 앞뒤로 뒤집어 가며 지지고 꿀을 발라 그릇에 담는다. [사진 4]

큐피드

쑥의 초록색과 치자의 노란색, 백년초가루의 분홍색이 조화를 이루어 매우 아름다운 떡이다.

서여말이병

마와 들깨가루를 넣고 찐 떡을 지진 마에 말아서 소스와 곁들여 먹는 건강떡이다.

재료

멥쌀가루 1컵, 들깨가루 7g
소금 $\frac{1}{4}$작은술, 연유 1큰술
마 230g, 소금 $\frac{1}{3}$작은술, 찹쌀가루 $2\frac{1}{2}$큰술
잣가루 5큰술, 식용유 $\frac{1}{2}$큰술

소스 :
우유 $1\frac{1}{3}$큰술, 파인애플 40g, 유자청 4g

만들기

1. 멥쌀가루에 들깨가루와 소금을 넣고 고루 비벼 섞어서 체에 내린다.

2. 마는 껍질을 벗기고 깨끗이 씻어서 $\frac{2}{3}$량은 길이 10cm 정도로 자른 다음 폭 5cm, 두께 0.2cm 정도로 썰고(8개), 소금을 뿌려 5분 정도 두었다가 물기를 닦는다. 나머지 마 $\frac{1}{3}$분량은 강판에 곱게 갈아서 소금을 넣고 고루 섞는다. [사진 1]

3. 믹서에 우유와 파인애플, 유자청을 넣고 곱게 갈아서 소스를 만든다.

4. 쌀가루에 갈아 놓은 마와 연유를 넣고 반죽하여 24g씩 떼어 길이 4cm, 폭 2cm, 두께 2cm 정도로 타원형으로 빚는다(8개).

5. 찜기에 물을 붓고 센불에 올려 끓으면 젖은 면보를 깔고 빚어 놓은 마떡 반죽을 넣어 10분 정도 찐다. [사진 2]

6. 팬을 달구어 식용유를 두른 다음 마에 찹쌀가루를 고루 묻혀 놓고, 중불에서 앞뒤로 지진 다음 잣가루를 고루 묻힌다. [사진 3]

7. 지진 마에 찐 마떡을 올려 돌돌 말고, 소스를 곁들인다. [사진 4]

바두기

여러 가지 색이 조화를 이룬 아름다운 떡이다.

1

2

4

재료

찹쌀가루 6컵, 소금 $\frac{1}{2}$큰술

색 :
흑미가루 4큰술
치자물 5g(치자 2g+물 15g)
딸기가루물 9g(딸기가루 1g+물 8g)

시럽 : 설탕 5큰술, 물 5큰술

식용유 1큰술

만들기

1. 찹쌀가루에 소금을 넣고 체에 내린 다음 4등분 하고, $\frac{1}{4}$량은 그대로 두고 나머지 쌀가루에는 각각 흑미가루와 치자물, 딸기가루 물을 넣고 고루 섞어 다시 체에 내린다. [사진 1]

2. 냄비에 설탕과 물을 붓고 중불에서 5분 정도 끓여 식혀서 시럽을 만든다.

3. 각각의 찹쌀가루에 끓는 물을 넣고 익반죽 하여 가로 · 세로 3.5cm, 두께 0.5cm로 둥글납작하게 빚어 열십자로 자른다.

4. 각각의 반죽은 색깔 맞춰 엇갈리게 붙인다. [사진 2]

5. 팬을 달구어 식용유를 두르고 빚어 놓은 찹쌀반죽을 놓고, 약불에서 앞뒤로 뒤집어가며 지져서 그릇에 담고 시럽을 뿌린다. [사진 3, 4]

달오름전

단호박을 넣어 맛과 향이 좋으며 떡의 모양이 둥근 달을 연상시킨다.

1

2

3

4

재료

찹쌀가루 3컵, 소금 1작은술
단호박(찐 것) 4큰술
식용유 · 꿀(시럽) 적당량

고명 : 대추 2개, 석이버섯 적당량

만들기

1. 찹쌀가루에 소금을 넣고 섞어서 체에 내린다.

2. 단호박은 씨와 속을 긁어 내고 찜통에 쪄서 과육만 체에 내린다. 고명용 대추는 젖은 면보로 닦고 살만 돌려 깎아서 마름모 모양으로 썰고, 석이버섯은 미지근한 물에 불려서 깨끗이 씻고 가운데 돌기를 떼어낸 다음 곱게 채 썬다. [사진 1]

3. 찹쌀가루에 찐 단호박을 넣고 고루 비벼 섞어서 체에 내린 다음 끓는 물을 넣고 익반죽한다. [사진 2]

4. 찹쌀반죽은 15g 정도로 떼어 두께 0.5cm 정도의 반달모양으로 빚는다. [사진 3]

5. 팬을 달구어 식용유를 두르고 빚어 놓은 찹쌀 반죽을 놓고, 한쪽 면이 익으면 뒤집어서 대추와 석이버섯으로 장식한 다음 익으면 꿀을 발라 그릇에 담는다. [사진 4]

매화전

호박의 노란 꽃과 비트의 붉은 꽃, 시금치의 연두빛 꽃이 조화를 이룬 아름다운 떡이다.

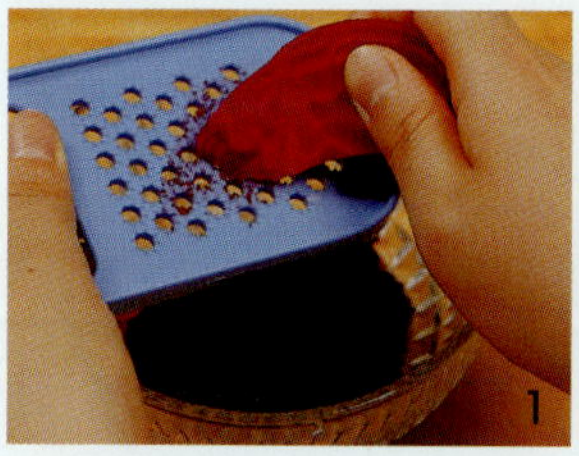

재료

찹쌀가루 3컵, 소금 1작은술,
단호박(찐 것) 2큰술, 비트즙 1큰술
시금치즙 $\frac{1}{2}$작은술
식용유 · 꿀(시럽) 적당량

만들기

1. 단호박은 씨와 속을 긁어내고 찜통에 쪄서 과육만 체에 내린다. 비트는 강판에 갈아서 즙을 짜고, 시금치는 믹서에 넣고 갈아서 즙을 짠다. [사진 1]

2. 찹쌀가루에 소금을 넣고 고루 섞어서 체에 내린 다음 4등분 하고, $\frac{1}{4}$량은 그대로 두고, 나머지 쌀가루에는 각각 찐 단호박 과육과 비트즙, 시금치즙을 넣고 섞어서 다시 체에 내린다.

3. 각각의 색을 들인 쌀가루에 끓는 물을 붓고 익반죽하여 15g 정도로 떼어 매화꽃 모양으로 빚는다. [사진 2, 3]

4. 팬을 달구어 식용유를 두르고 빚어 놓은 찹쌀반죽을 놓고 앞뒤로 뒤집어 가며 지진 다음 그릇에 담고 꿀을 끼얹는다. [사진 4]

꽃전

꽃전은 채소, 곡물, 천연색소를 이용하여 만든 떡으로 색이 화려하며, 영양면에서도 우수한 떡이다.

삼색우메기

찹쌀의 쫀득쫀득함과 입안에서 사르르 녹는 슈크림이 조화를 이룬 떡이다.

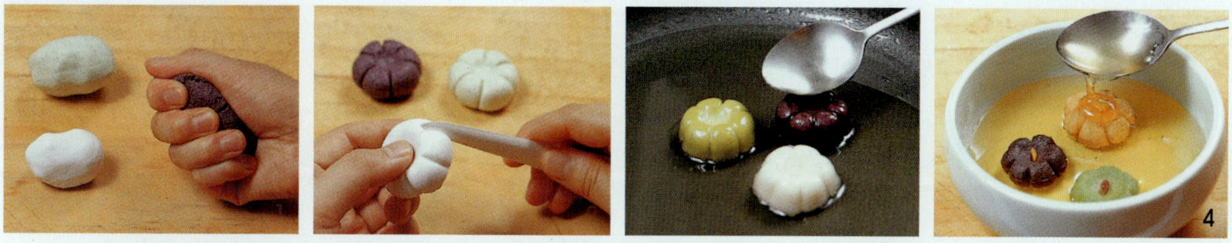

재료

찹쌀가루 3컵, 멥쌀가루 1컵, 소금 1작은술
시금치즙 $\frac{2}{3}$작은술, 흑미가루 2큰술
막걸리 $\frac{1}{2}$컵, 설탕 1큰술
슈크림 70g, 식용유 적당량

집청꿀 : 설탕 1컵, 물 1컵, 꿀 $\frac{1}{2}$컵

고명 : 대추 2개

만들기

1. 찹쌀가루와 멥쌀가루에 소금을 넣고 섞어서 체에 내린 다음 3등분 하여 $\frac{1}{3}$량은 그대로 두고 나머지 쌀가루에는 각각 시금치즙과 흑미가루를 넣고 고루 비벼 섞어서 체에 내린다.

2. 각각의 쌀가루에 막걸리와 설탕을 나누어 넣고 반죽한 다음 15g 정도로 떼어서 슈크림 소를 넣고 직경 4cm, 두께 1cm 정도의 꽃모양으로 만든다. [사진 1, 2]

3. 냄비에 설탕과 물을 넣고 끓여서 $\frac{1}{2}$량으로 줄어 들면 꿀을 넣고 섞어서 집청꿀을 만든다.

4. 대추는 젖은 면보로 닦고 살만 돌려 깎아서 고명을 만든다.

5. 팬에 식용유를 붓고 온도가 80℃ 정도로 오르면 빚어 놓은 떡반죽을 넣고 튀겨서 거의 익으면 기름 온도를 140℃ 정도로 올려 잠깐 튀긴다. [사진 3]

6. 튀긴 우메기에 대추 고명을 얹고 집청꿀에 담갔다가 체에 건져서 그릇에 담는다. [사진 4]

색동부꾸미

빨강, 주황, 노랑, 초록 알록달록 색동저고리가 연상되는 화려한 떡이다.

재료

찹쌀가루 3컵, 소금 1작은술
백년초가루 $\frac{1}{2}$작은술, 당근즙 1큰술
생딸기즙 1큰술, 치자물 $\frac{1}{5}$ 작은술
쑥가루 $\frac{1}{5}$ 작은술
식용유 · 꿀(시럽) 적당량

소 : 밤 7개, 꿀 적당량

만들기

1. 밤은 씻어서 찜기에 넣고 찐 다음 과육만 발라서 체에 내리고 꿀을 넣고 반죽하여 둥글게 밤소를 만든다. [사진 1]

2. 찹쌀가루에 소금을 넣고 섞어서 체에 내린 다음 2등분 하여, $\frac{1}{2}$량은 그대로 두고 나머지 쌀가루는 5등분 하여 각각 백년초가루, 당근즙, 생딸기즙, 치자물, 쑥가루를 넣고 고루 비벼 섞는다.

3. 흰색의 쌀가루는 끓는 물을 넣고 익반죽 하여 직경 4cm, 두께 0.3cm 정도로 둥글납작하게 빚어서 2등분 한다. [사진 2]

4. 각각의 색을 들인 쌀가루에 끓는 물을 넣고 익반죽한 다음 폭 0.5cm 정도로 길게 늘여 색떡 띠를 만들고, 흰색의 떡반죽에 색깔 맞춰 맞붙여 둥글게 만든다. [사진 3]

5. 팬을 달구어 식용유를 두른 다음 빚어 놓은 찹쌀반죽을 놓고, 한쪽 면이 익으면 뒤집어서 밤소를 넣고 말아서 익으면 꿀을 발라 그릇에 담는다. [사진 4]

결명자부꾸미

결명자의 독특한 향과 구수한 맛이 매우 별미이다.

1

2

4

재료

찹쌀가루 3컵, 결명자 20g
소금 ¾작은술

고명 : 잣 1큰술

시럽 : 설탕 5큰술, 물 5큰술

식용유 1큰술

만들기

1. 결명자는 씻어서 팬에 넣고 약불에 10분 정도 볶은 다음 분쇄기에 넣고 곱게 갈아서 체에 내린다.

2. 잣은 면보로 닦아서 고깔을 떼고 길이로 반을 잘라 비늘잣을 만든다.

3. 냄비에 설탕과 물을 붓고 중불에서 5분 정도 끓여 식혀서 시럽을 만든다.

4. 찹쌀가루에 소금과 결명자 가루를 넣고 고루 섞어서 체에 내린 다음 끓는 물을 넣고 익반죽하고, 20g씩 떼어 지름 4cm, 두께 0.5cm로 동그랗게 빚는다. [사진 1, 2]

5. 팬을 달구어 식용유를 두르고 빚어 놓은 반죽을 넣고 중불에서 앞뒤로 지진 다음 반으로 접고 비늘잣으로 장식한다. [사진 3]

6. 결명자 부꾸미를 그릇에 담고 시럽을 뿌린다. [사진 4]

허브부꾸미

완두앙금과 허브의 초록빛이 조화를 이루며, 허브의 향이 입안 가득하다.

잎새부꾸미

백년초, 시금치, 치자물로 색을 들여 나뭇잎 모양으로 빚은 가을 단풍을 연상시키는 떡이다.

3
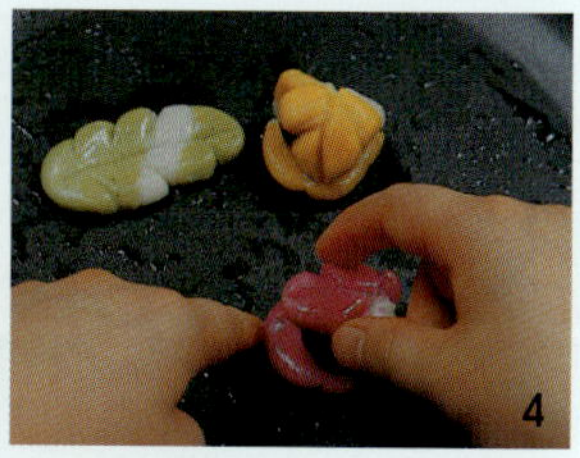
4

재료

찹쌀가루 3컵, 소금 1작은술
백년초가루 2작은술, 시금치즙 1작은술
치자물 $\frac{2}{3}$작은술
팥앙금 50g
식용유 · 꿀(시럽) 적당량

만들기

1. 찹쌀가루에 소금을 넣고 섞어서 체에 내린 다음 4등분 하여 $\frac{1}{4}$량은 그대로 두고, 나머지 쌀가루는 각각 백년초가루, 시금치즙, 치자물을 넣고 고루 비벼 섞어서 체에 내린다. [사진 1]

2. 각각의 쌀가루에 끓는 물을 넣고 익반죽한 다음 나뭇잎 모양으로 빚어서 3등분 한다. [사진 2]

3. 각각의 떡반죽은 색깔 맞춰 맞붙이고 다시 나뭇잎 모양으로 만든다. [사진 3]

4. 팥앙금은 4g 정도로 떼어서 소를 만든다.

5. 팬을 달구어 식용유를 두른 다음 빚어 놓은 찹쌀반죽을 놓고, 한쪽 면이 익으면 뒤집어서 팥앙금소를 넣고 말아서 익으면 꿀을 발라 그릇에 담는다. [사진 4]

연두부꾸미

시금치 고유의 연두빛이 아름다울 뿐 아니라, 붉은 꽃모양의 떡이 우아하다.

아씨전

차로만 즐기던 녹차의 맛과 향을 느낄 수 있는 떡이다.

재료

찹쌀가루 3컵, 소금 1작은술
녹차가루 1작은술
식용유 · 꿀(시럽) 적당량

고명 :
비트즙 · 치자물 적당량, 석이버섯 적당량

만들기

1. 찹쌀가루에 소금을 넣고 섞어서 체에 내린 다음 2등분 하고, $\frac{1}{2}$량에는 녹차가루를 넣고 섞어서 다시 체에 내린다. [사진 1]

2. 각각의 쌀가루에 끓는 물을 넣고 익반죽한 다음 흰색 반죽은 50g을 떼어 3등분 하고 $\frac{1}{3}$량은 그대로 두고, 나머지 반죽에는 각각 비트즙과 치자물을 넣고 색을 들인다.

3. 나머지 흰색 반죽과 녹차 반죽은 15g 정도로 떼어 가로 · 세로 3cm, 두께 0.5cm 정도로 사각형의 떡을 빚는다. [사진 2]

4. 석이버섯은 미지근한 물에 불려서 깨끗이 씻고 가운데 돌기를 떼어낸 다음 곱게 채 썬다. 분홍색 반죽과 노란색반죽, 흰색 반죽, 석이버섯으로 장식을 만들고 빚어 놓은 반죽에 올려 장식한다. [사진 3]

5. 팬을 달구어 식용유를 두른 다음 빚어 놓은 찹쌀반죽을 놓고, 앞뒤로 뒤집어 가며 지지고 꿀을 발라 그릇에 담는다. [사진 4]

세모말이병

삼색의 반죽을 말아 썰어 놓은 단면이 매우 아름다우며,
빠른 시간에 많은 양의 떡을 만들 수 있다

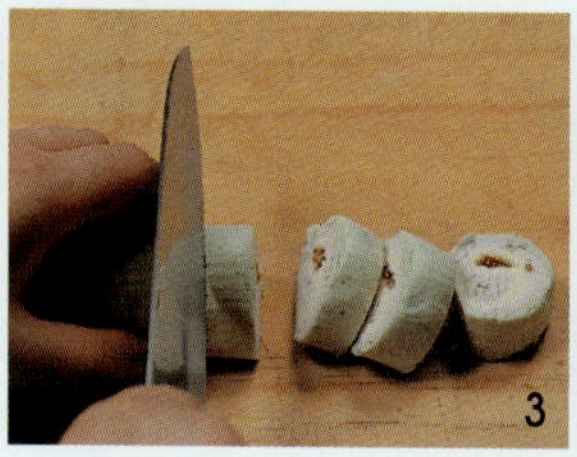
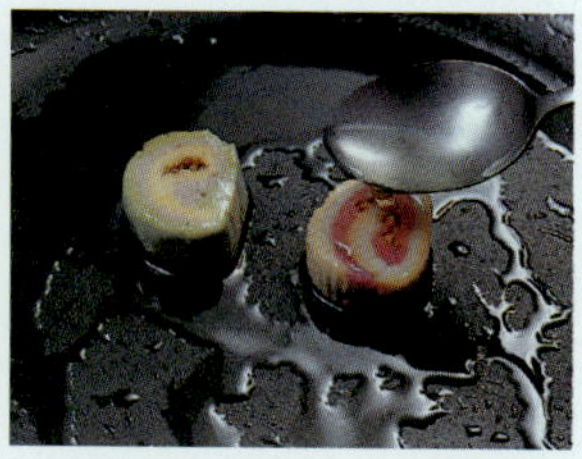

재료

찹쌀가루 3컵, 소금 1작은술
시금치즙 1작은술, 백년초가루 2작은술
치자물 1작은술
식용유 · 꿀(시럽) 적당량

소 : 땅콩 $\frac{1}{4}$컵

만들기

1. 찹쌀가루에 소금을 넣고 섞어서 체에 내린 다음 3등분 하고 시금치즙과 백년초가루, 치자물을 넣고 고루 비벼 섞어서 체에 내린다.

2. 각각의 색을 들인 찹쌀가루에 끓는 물을 넣고 익반죽하여 밀대로 두께 0.5cm 정도로 밀어 편다. [사진 1]

3. 땅콩은 껍질을 벗기고 곱게 다진다.

4. 밀어 편 찹쌀반죽을 겹쳐 놓고, 다진 땅콩을 가운데에 뿌려 넣고 삼각지게 말아서 폭 1cm 정도로 썬다. [사진 2, 3]

5. 팬을 달구어 식용유를 두른 다음 찹쌀반죽을 놓고, 약불에서 기름을 끼얹어가며 지지고 익으면 꿀을 발라 그릇에 담는다. [사진 4]

조가비

작고 귀여운 떡 속에 달콤하고 향긋한 대추소가 들어 있어 맛도 있고 먹기에도 좋다.

원두막풍경

비트와 쑥을 넣어 만든 떡으로 마치 수박과 같은 모양이다.

1

2

3

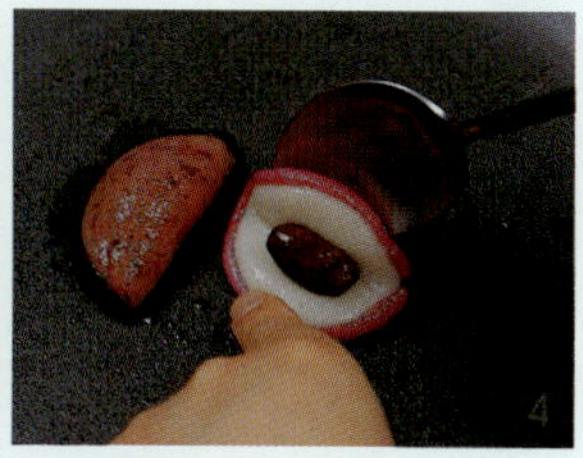
4

재료

찹쌀가루 3컵, 소금 1작은술
쑥가루 $\frac{1}{5}$작은술, 비트즙 2큰술
팥앙금 50g
식용유 · 흑임자 · 꿀(시럽) 적당량

만들기

1. 비트는 씻어서 강판에 갈아 즙을 만들고, 팥앙금은 떼어서 동그랗게 빚어 소를 만든다. [사진 1]

2. 찹쌀가루에 소금을 넣고 섞어서 체에 내린 다음 50g은 쑥가루를 넣고 고루 비벼 섞어서 체에 내린다. 나머지 쌀가루는 2등분 하여 $\frac{1}{2}$량은 그대로 두고 나머지 쌀가루 $\frac{1}{2}$량에는 비트즙을 넣고 고루 비벼 섞어서 체에 내린다.

3. 각각의 쌀가루에 끓는 물을 넣고 익반죽하여 비트색반죽과 흰색반죽은 직경 4cm, 두께 0.5cm 정도로 둥글납작하게 빚는다. [사진 2]

4. 쑥색반죽은 폭 0.5cm 정도로 길게 늘여서 빚어 놓은 둥근반죽의 가장자리를 돌려 만다. [사진 3]

5. 팬을 달구어 식용유를 두르고 빚어놓은 찹쌀반죽을 놓고 한쪽 면이 익으면 뒤집어서 팥앙금소를 가운데 놓고 떡자락을 덮는다. [사진 4]

6. 떡의 윗면에 흑임자로 장식하고 익으면 꿀을 발라 그릇에 담는다.

생딸기우찌지

생딸기를 넣어 은은한 분홍빛과 고운 보랏빛이 잘 어우러진 떡이다.

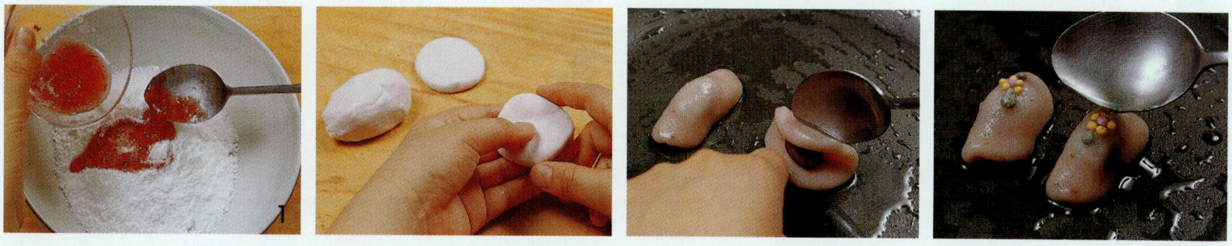

재료

찹쌀가루 3컵, 소금 1작은술
생딸기즙 4큰술, 팥앙금 50g
식용유 · 꿀(시럽) 적당량

고명 :
백년초가루 · 단호박(찐 것) · 쑥가루 적당량

만들기

1. 찹쌀가루에 소금을 넣고 체에 내린 다음 40g은 3등분 하여 각각 백년초가루와 단호박과육, 쑥가루를 넣고 고루 비벼 섞어서 체에 내린다. 나머지 쌀가루는 생딸기즙을 넣고 고루 비벼 섞어서 체에 내린다. [사진 1]
2. 각각의 쌀가루에 끓는 물을 넣고 익반죽하여 생딸기반죽은 직경 4cm, 두께 0.3cm 정도로 둥글납작하게 빚고, 나머지 반죽은 꽃모양으로 빚는다. [사진 2]
3. 팥앙금은 4g 정도로 떼어 둥글게 빚어 소를 만든다.
4. 팬을 달구어 식용유를 두른 다음 빚어 놓은 찹쌀반죽을 놓고, 한쪽 면이 익으면 뒤집어서 팥앙금을 넣고 만다. [사진 3]
5. 떡의 윗면에 빚어놓은 꽃모양반죽으로 장식하고 익으면 꿀을 발라 그릇에 담는다. [사진 4]

잠자리부꾸미

떡 위에 앙증스러운 고추잠자리 모양의 떡을 얹어 신비하고 고풍스럽다.

방울사과

졸인 사과를 소로 넣고 빚어서 사과정과 위에 올려 만든 달콤하고 앙증맞은 떡이다.

1

2

3

4

재료

찹쌀가루 2컵, 소금 ½작은술
딸기가루 물 5g(딸기가루 0.5g+물 5g)
끓는 물 적당량
사과 ½큰술, 설탕 2큰술

소 :
사과 ½큰술, 잣 1큰술
설탕 2큰술, 소금 0.3g

코코넛가루 30g

만들기

1. 찹쌀가루에 소금과 딸기가루물을 넣고 고루 비벼 섞어서 체에 내린다.
2. 사과는 씻어서 두께 0.3cm 정도로 둥글게 잘라 설탕을 고루 뿌린 다음 20분 정도 두었다가 채반에 펴서 2시간 정도 말려서 사과정과를 만든다. [사진 1]
3. 소용 사과는 씻어서 껍질을 벗기고 강판에 갈고, 잣은 면보로 닦아서 고깔을 떼고 굵게 다진다.
4. 냄비에 갈아놓은 사과와 소금을 넣고 센불에 올려 끓으면 중불로 낮추어 3분 정도 조리다가 잣과 설탕을 넣고 약불로 낮추어 10분 정도 더 졸여 한김 식으면 4g 정도로 떼어 둥글게 빚어 사과경단 소를 만든다. [사진 2]
5. 찹쌀가루에 끓는 물을 넣고 익반죽하고, 15g 정도로 떼어 가운데 소를 넣고 오므려서 직경 2.5cm 정도로 동그랗게 경단을 빚는다. [사진 3]
6. 냄비에 물을 붓고 끓으면 빚은 경단을 넣고 2~2분 30초 정도 삶는다. 경단이 떠오르면 30초 정도 두었다가 건져서 물에 헹구고 물기를 뺀다.
7. 삶은 경단은 코코넛가루를 고루 묻힌 다음 사과정과를 깔고 올린다. [사진 4]

무화과단자

단자 속에 무화과 소를 넣어 만든 떡이다.

초랭이단자

새콤한 살구정과를 소로 넣고 만든 떡이다.

재료

절편 :
멥쌀가루 3컵, 소금 1작은술
설탕 1작은술, 딸기가루 적당량

단자 :
찹쌀가루 2컵, 멥쌀가루 1컵
소금 1작은술, 설탕물 $\frac{2}{3}$컵(설탕 $\frac{2}{3}$컵, 물 $\frac{2}{3}$컵)

색 : 쑥가루 · 치자물 적당량

소 : 거피팥고물 1컵, 소금 $\frac{2}{3}$작은술

살구정과 :
건살구 100g, 물 $\frac{1}{2}$컵, 설탕 3큰술, 잣 적당량

만들기

1. 멥쌀가루에 소금과 물을 넣고 고루 섞어서 체에 내린 다음 설탕을 넣고 섞는다. 찜기에 물을 붓고 끓으면 젖은 면보를 깔고 멥쌀가루를 넣어 15분 정도 찐 다음 뜨거울 때 딸기가루를 넣고 끈기가 생기도록 치대어 색을 들이고, 밀대로 두께 0.3cm 정도로 밀어 펴서 사각형틀로 찍는다. [사진 1]

2. 찹쌀가루에 멥쌀가루와 소금을 넣고 섞어서 체에 내린 다음 3등분 하고, 하나는 그대로 두고 나머지 쌀가루는 각각 쑥가루와 치자물을 넣고 고루 비벼 섞어서 체에 내린 다음 익반죽한다.

3. 건살구와 잣은 곱게 다지고 냄비에 물과 설탕을 함께 넣고 졸여서 살구정과를 만든다.

4. 거피팥고물에 소금과 살구정과를 넣고 섞어서 소를 만든다.

5. 각각의 색을 들인 찹쌀반죽에 소를 넣고 둥글게 빚는다. [사진 2]

6. 냄비에 물을 붓고 끓으면 빚은 반죽을 넣고 삶는다. 떡이 떠오르면 30초~1분 정도 두었다가 건져서 물에 헹구고 물기를 뺀다. [사진 3]

7. 분홍색 네모 절편위에 삶은 단자를 올리고 남은 절편으로 꽃모양을 만들어 장식한다. [사진 4]

잎새단자

달콤한 단호박 소와 여러 가지 견과류로 만든 고물이 조화를 이룬 떡이다.

재료

찹쌀가루 2컵, 소금 $\frac{2}{3}$작은술
설탕물 적당량
치자물 · 딸기가루 적당량

소 : 단호박(찐 것) $\frac{1}{2}$컵

고물 :
대추 · 땅콩 · 흑임자가루 · 카스테라 적당량
허브잎 · 꿀 적당량

만들기

1. 찹쌀가루에 소금을 넣고 섞어서 체에 내린 다음 3등분 하여 하나는 그대로 두고, 나머지 쌀가루에는 각각 치자물과 딸기가루를 넣고 고루 비벼 섞어서 체에 내린다. [사진 1]

2. 찐 단호박 과육은 둥글게 빚어 소를 만든다. 대추는 젖은 면보로 닦고 살만 돌려 깎아서 곱게 다지고, 땅콩도 껍질을 벗겨 곱게 다진다. [사진 2]

3. 각각의 쌀가루에 설탕물을 넣고 익반죽하여 단호박 소를 넣고 둥글게 경단을 빚은 다음 꽃모양틀에 넣어 모양을 만든다. [사진 3]

4. 냄비에 물을 붓고 끓으면 빚은 반죽을 넣고 삶는다. 떡이 떠오르면 30초~1분 정도 두었다가 건져서 물에 헹구고 물기를 뺀다.

5. 삶은 떡에 꿀을 바르고 다진 대추와 땅콩, 흑임자가루, 카스테라를 각각 고루 묻힌 다음 허브잎으로 장식한다. [사진 4]

꽃두리

인삼을 소로 넣어 만든 건강 떡으로 고명으로 얹은 대추꽃이
새색시의 족두리를 연상시킨다.

재료

찹쌀가루 2컵, 소금 $\frac{2}{3}$작은술
설탕물 적당량
녹두고물 2컵, 소금 적당량

소 :
인삼 $\frac{1}{2}$뿌리, 밤 2개, 대추 4개
소금 · 설탕 적당량, 잣 1작은술

고명 : 대추 · 호박씨 적당량

만들기

1. 찹쌀가루에 소금을 넣고 섞어서 체에 내린 다음 설탕물을 넣고 익반죽한다.

2. 녹두고물은 소금을 넣고 고루 비벼 섞어서 체에 내린다.

3. 인삼은 깨끗이 씻어서 곱게 다지고, 밤은 껍질을 벗기고 곱게 다진다. 대추는 젖은 면보로 닦고 살만 돌려깎아서 곱게 다진다. 잣은 면보로 닦아서 고깔을 떼고 다진다. 냄비에 다진 인삼과 밤, 대추, 잣, 소금, 설탕을 넣고 졸여서 소를 만든다. [사진 1, 2]

4. 고명용 대추는 젖은 면보로 닦고 살만 돌려깎아서 꽃모양을 만든다. 호박씨는 면보로 닦아서 반으로 자른다.

5. 찹쌀반죽 가운데 소를 넣고 오므려서 둥글게 빚고, 냄비에 물을 붓고 끓으면 빚은 반죽을 넣고 삶는다. 떡이 떠오르면 30초~1분 정도 두었다가 건져서 물에 헹구고 물기를 뺀다. [사진 3]

6. 삶은 떡에 대추꽃과 호박씨로 장식하고 녹두고물을 고루 묻힌다. [사진 4]

보슬단자

보슬단자는 노랑, 분홍, 연두색이 카스테라 고물사이로 엷게 배어 나와 우아하며,
고물의 감촉이 보슬보슬하여 먹음직스럽다.

달무리경단

사르르 입안에서 녹는 달콤한 단호박의 맛과 독특한 향을 가진 파래의 맛이 잘 어우러진 색과 맛이 아름다운 떡이다.

재료

찹쌀가루 2컵, 소금 $\frac{2}{3}$작은술, 설탕물 적당량
적고구마가루 · 파래가루 적당량

소 : 단호박 100g

고물 :
녹두고물 1컵, 소금 $\frac{1}{4}$작은술, 대추 20g

장식 : 잣 · 꿀 적당량

만들기

1. 찹쌀가루에 소금을 넣고 섞어서 체에 내리고 3등분 하여 하나는 그대로 두고 나머지 쌀가루에는 각각 적고구마가루와 파래가루를 넣고 고루 비벼 섞어서 체에 내린다.

2. 단호박은 씨와 속을 긁어 내고 찜기에 쪄서 과육만 체에 내린다. 냄비에 찐 단호박을 넣고 약불에서 졸인 다음 한김 식으면 둥글게 빚어 소를 만든다. [사진 1]

3. 녹두고물에 소금을 넣고 고루 비벼 섞어서 체에 내려 고물을 만들고, 대추는 젖은 면보로 닦고 살만 돌려 깎아서 곱게 다져 대추고물을 만든다.

4. 각각의 찹쌀반죽은 2등분 하여 $\frac{1}{2}$량은 단호박 소를 넣고 직경 1.5cm 정도로 둥글게 빚는다. 나머지 $\frac{1}{2}$량의 찹쌀반죽은 둥근 주머니 모양으로 빚고 각각 색깔을 엇갈리게 소를 넣은 찹쌀반죽을 넣어 다시 동그랗게 빚는다. [사진 2. 3]

5. 냄비에 물을 붓고 끓으면 빚은 경단을 넣고 삶는다. 경단이 떠오르면 1~2분 정도 두었다가 건져서 물에 헹구고 물기를 뺀다.

6. 삶은 경단에 녹두고물과 대추고물을 고루 묻히고 반으로 자른다. [사진 4]

새악시볼

단호박의 달콤한 맛과 장식으로 이용한 절편의 맛을 동시에 느낄 수 있는 떡이다.

재료

경단 :
찹쌀가루 2컵, 소금 $\frac{2}{3}$작은술
설탕물 적당량

절편 :
멥쌀가루 1컵, 소금 $\frac{1}{3}$작은술

소 : 단호박 100g

색 :
치자물 · 코코아가루 · 딸기가루 · 녹차가루 적당량

만들기

1. 찹쌀가루와 멥쌀가루에 각각의 소금을 넣고 섞어서 체에 내린다. 찹쌀가루에는 설탕물을 넣고 익반죽하고, 멥쌀가루는 물을 넣고 고루 비벼 섞는다. [사진 1]

2. 단호박은 씨와 속을 긁어 내고 찜기에 쪄서 과육만 체에 내린다. 냄비에 찐 단호박을 넣고 약불에서 졸인 다음 한김 식으면 둥글게 빚어 소를 만든다.

3. 찹쌀반죽에 단호박 소를 넣고 오므려서 둥글게 빚는다. [사진 2]

4. 찜기에 물을 붓고 센불에 올려 끓으면 젖은 면보를 깔고 멥쌀가루를 넣어 15분 정도 찐다. 찐 떡은 뜨거울 때 치자물, 코코아가루, 딸기가루, 녹차가루를 넣고 끈기가 생기도록 치대어 밀대로 두께 0.2cm 정도로 밀어 펴고 꽃모양틀로 찍는다. [사진 3]

5. 냄비에 물을 붓고 끓으면 빚은 경단을 넣고 삶는다. 경단이 떠오르면 30초~1분 정도 두었다가 건져서 물에 헹구고 물기를 뺀다.

6. 색색의 꽃모양 절편에 삶은 경단을 올리고 남은 색절편으로 꽃모양을 만들어 장식한다. [사진 4]

사과초롱이

사과즙을 이용하여 반죽이 상큼하며 사과정과를 받쳐주어 사과의 풍미를 흠뻑 느낄 수 있는 떡이다.

고소미단자

견과류의 고소함과 씹히는 맛이 일품이며 영양성분이 우수한 떡이다

재료

찹쌀가루 2컵, 소금 $\frac{2}{3}$작은술
설탕물 적당량
땅콩 · 아몬드 · 호두 · 호박씨 각 2큰술

고물 :
땅콩 · 호두 · 호박씨, 아몬드가루 각 $\frac{1}{4}$컵

장식 : 마카다미아 · 아몬드 · 호두 적당량

도구 : 모양틀

만들기

1. 찹쌀가루에 소금을 넣고 섞어서 체에 내린다.

2. 땅콩은 껍질을 벗기고 굵게 다지고, 아몬드 · 호두 · 호박씨도 굵게 다져서 찹쌀가루에 넣고 고루 섞는다. [사진 1, 2]

3. 고물용 땅콩은 껍질을 벗기고 곱게 다지고, 호두와 호박씨도 각각 곱게 다져서 견과류 고물을 만든다.

4. 견과류를 섞은 찹쌀가루에 설탕물을 넣고 익반죽한다. 다양한 모양의 떡틀에 식용유를 바르고 찹쌀반죽을 넣어 모양을 만든다. [사진 3]

5. 냄비에 물을 붓고 끓으면 경단을 넣고 삶는다. 경단이 떠오르면 30초~1분 정도 두었다가 건져서 물에 헹구고 물기를 뺀다.

6. 삶은 경단에 각각의 견과류고물을 고루 묻히고 마카다미아, 아몬드, 호두로 장식한다 [사진 4]

감단자

주홍빛의 감경단은 곶감을 소로 이용하여 씹히는 맛이 부드러우며 모양이 좋은 멋스러운 떡이다.

재료

찹쌀가루 2컵, 소금 $\frac{2}{3}$작은술
딸기가루 4g, 치자물 2작은술
끓는 물 적당량

소 :
곶감 1개, 흰팥앙금 30g, 꿀 적당량

장식 :
멥쌀가루 · 소금 · 쑥가루 적당량

만들기

1. 찹쌀가루에 소금을 넣고 섞어서 체에 내린 다음 딸기가루와 치자물을 넣고 고루 비벼 섞어서 체에 내린다. 장식용 멥쌀가루에 소금과 물을 넣고 고루 비벼 섞는다.

2. 곶감은 꼭지와 씨를 떼어 내고 가로 · 세로 0.5cm 크기로 썬다. 곶감과 흰팥앙금, 꿀을 넣고 섞어서 소를 만든다. [사진 1]

3. 색을 들인 찹쌀가루에 끓는 물을 넣고 익반죽하여 곶감소를 넣고 둥글게 빚는다. [사진 2]

4. 냄비에 물을 붓고 끓으면 단자를 넣고 삶는다. 단자가 떠오르면 30초~1분 정도 두었다가 건져서 물에 헹구고 물기를 뺀다. [사진 3]

5. 찜기에 물을 붓고 끓으면 젖은 면보를 깔고 멥쌀가루를 넣어 15분 정도 찐다. 떡이 뜨거울 때 쑥가루를 넣고 끈기가 생기도록 치대어 밀대로 0.2cm 두께로 밀어 감꼭지 모양으로 만들어 삶은 단자에 장식한다. [사진 4]

감자찰단자

부드러운 감자와 강낭콩의 구수한 맛이 잘 어울리는 여름에 많이 하는 떡이다.

재료

감자 500g, 찹쌀가루 1컵
소금 $\frac{2}{3}$작은술, 설탕 2큰술

소 :
강낭콩 100g, 꿀 2작은술, 소금 적당량

고물 :
강낭콩 100g, 설탕 1큰술, 소금 적당량

만들기

1. 감자는 깨끗이 씻어서 껍질을 벗기고 강판에 갈아서 면보에 꼭 짠다. 건더기는 찜기에 찌고, 녹말은 가라앉힌다. [사진 1]

2. 소용 강낭콩과 고물용 강낭콩은 각각 찜기에 찐 다음 소금을 넣고 찧는다. 소용 강낭콩은 꿀을 넣고 섞고, 고물용 강낭콩에는 설탕을 넣고 고루 섞는다. [사진 2]

3. 찹쌀가루에 찐 감자건지와 가라 앉힌 녹말, 소금, 설탕을 넣고 고루 섞어서 반죽 한 다음 강낭콩소를 넣고 둥글게 빚는다. [사진 3]

4. 냄비에 물을 붓고 끓으면 빚은 반죽을 넣고 삶는다. 떡이 떠오르면 30초~1분 정도 두었다가 건져서 물에 헹구고 물기를 뺀다.

5. 삶은 떡에 강낭콩 고물을 고루 묻힌다. [사진 4]

녹차단자

녹차의 은은한 향기가 입안 가득히 퍼지는 떡이다.

재료

찹쌀가루 5컵, 소금 $\frac{1}{2}$큰술, 설탕물 적당량

소 :
거피팥고물 1컵, 소금 1작은술
분태땅콩 50g, 꿀 적당량

고물 : 카스테라 3개, 녹차가루 $1\frac{1}{2}$큰술

장식 :
멥쌀가루 · 소금 적당량, 치자물 · 딸기가루 · 잣 적당량

만들기

1. 찹쌀가루에 소금을 넣고 섞어서 체에 내린 다음 설탕물을 넣고 익반죽한다. 장식용 멥쌀가루에 소금과 물을 넣고 고루 비벼 섞는다. [사진 1]

2. 거피팥고물에 소금과 분태땅콩, 꿀을 넣고 고루 섞은 다음 둥글게 빚어서 소를 만든다.

3. 카스테라는 노란 부분만 체에 내려 녹차가루를 넣고 고루 비벼 섞어서 고물을 만든다. [사진 2]

4. 찹쌀반죽에 소를 넣고 오므려서 둥글게 빚는다. 냄비에 물을 붓고 끓으면 빚어 놓은 반죽을 넣고 떠오르면 30초~1분 정도 두었다가 건져서 물에 헹구고 물기를 뺀다. [사진 3]

5. 찜기에 물을 붓고 끓으면 젖은 면보를 깔고 멥쌀가루를 넣어 15분 정도 찐다. 떡이 뜨거울 때 끈기가 생기도록 치대어 3등분 하고 흰색은 그대로 두고 나머지 떡반죽에 치자물과 딸기가루를 넣고 치대어 색을 들인 다음 꽃모양을 만든다.

6. 삶은 떡에 고물을 고루 묻히고 꽃모양 절편과 잣으로 장식한다. [사진 4]

아지랑이

코코넛사이에 엷게 배어 나오는 고치떡의 아련한 색감이
강가의 물안개와 같이 아름답다

재료

찹쌀가루 4컵, 소금 1작은술
흑미가루 1컵, 치자물 적당량
쑥가루 1작은술, 딸기가루 $\frac{1}{5}$작은술
코코넛가루 1컵, 끓는 물 적당량

만들기

1. 찹쌀가루에 소금을 넣고 섞어서 체에 내린 다음 4등분 한다. 각각의 쌀가루에 흑미가루, 치자물, 쑥가루, 딸기가루를 넣고 고루 비벼 섞어서 체에 내리고 끓는 물로 익반죽한다. [사진 1]

2. 각각의 색을 들인 찹쌀반죽은 누에고치 모양으로 빚는다. [사진 2]

3. 냄비에 물을 붓고 끓으면 빚어 놓은 반죽을 넣고 떠오르면 30초~1분 정도 두었다가 건져서 물에 헹구고 물기를 뺀다. [사진 3]

4. 삶은 떡에 코코넛가루를 고루 묻힌다. [사진 4]

초코단자

초코칩을 소로 넣고 카스테라가루에 커피가루와 코코아가루를 섞어 만든 고물을 입힌 떡으로 외국인 뿐만 아니라 아이들도 좋아하는 떡이다.

재료

찹쌀가루 5컵, 소금 $\frac{1}{2}$큰술, 끓는물 적당량

소 :
팥앙금 100g, 초코칩 $\frac{1}{3}$컵, 분태땅콩 50g

고물 :
카스테라 3개, 커피가루 3작은술
코코아가루 1작은술

장식 : 호두 · 아몬드 슬라이스

만들기

1. 찹쌀가루에 소금을 넣고 섞어서 체에 내린 다음 끓는 물로 익반죽 한다.

2. 팥앙금에 초코칩과 분태땅콩을 넣고 고루 섞은 다음 동그랗게 소를 만든다. [사진 1]

3. 카스테라는 노란 부분만 체에 내리고 커피가루와 코코아가루를 함께 넣고 섞어서 고물을 만든다. [사진 2]

4. 장식용 호두는 4~6등분 한다.

5. 찹쌀반죽에 소를 넣고 오므려서 둥글게 빚는다. 냄비에 물을 붓고 끓으면 빚어 놓은 반죽을 넣고 떠오르면 30초~1분 정도 두었다가 건져서 물에 헹구고 물기를 뺀다. [사진 3]

6. 삶은 경단에 고물을 고루 묻히고 호두와 아몬드 슬라이스를 위에 올려 장식한다. [사진 4]

진주잎새떡

나뭇잎에 분홍색 단자를 넣어 진주처럼 만든 떡이다.

재료

절편반죽 :
멥쌀가루 3컵, 소금 1작은술, 쑥가루 적당량

경단반죽 :
찹쌀가루 2컵, 멥쌀가루 $\frac{1}{2}$컵
소금 $\frac{3}{4}$작은술, 설탕물 $\frac{2}{3}$컵(설탕 $\frac{2}{3}$컵, 물 $\frac{2}{3}$컵)
딸기가루 적당량

소 : 거피팥고물 $\frac{2}{3}$컵, 소금 $\frac{1}{3}$작은술

사과정과 : 사과 $\frac{1}{3}$개, 물 $\frac{1}{2}$컵, 설탕 30g

고물 : 코코넛가루 $\frac{1}{3}$컵

만들기

1. 절편반죽용 멥쌀가루에 소금을 넣고 고루 비벼 섞어서 체에 내린 다음 물을 넣고 고루 비벼 섞는다.

2. 경단반죽용 찹쌀가루와 멥쌀가루에 소금과 딸기가루를 넣고 고루 비벼 섞어서 체에 내린 다음 설탕물을 넣고 익반죽한다.

3. 사과는 씻어서 곱게 다지고 냄비에 물과 설탕을 넣고 졸여서 사과정과를 만든 다음 거피팥고물과 소금을 넣고 섞어서 소를 만든다.

4. 경단 반죽에 소를 넣고 오므려서 둥글게 빚고, 냄비에 물을 붓고 끓으면 빚은 반죽을 넣고 삶는다. [사진 1]

5. 떡이 떠오르면 30초~1분 정도 두었다가 건져서 물에 헹구고 물기를 뺀 다음 코코넛가루를 고루 묻힌다. [사진 2]

6. 찜기에 물을 붓고 센불에 올려 끓으면 젖은 면보를 깔고 멥쌀가루를 넣어 15분 정도 찐다. 찐 떡은 뜨거울 때 쑥가루를 넣고 끈기가 생기도록 치대어 밀대로 두께 0.2cm 정도로 밀어 펴고 잎모양틀로 찍는다. [사진 3]

7. 2장의 잎모양 절편 사이에 삶은 경단을 넣는다. [사진 4]

몽게구름

쑥의 향기와 견과류의 고소함이 잘 어울리며
보슬보슬한 녹두고물사이로 보이는 쑥색의 빛이 아름답다.

재료

찹쌀가루 3컵, 소금 1작은술
쑥가루 1큰술, 설탕물 적당량

고물 :
녹두고물 2컵, 소금 적당량

소 :
거피팥고물 $\frac{1}{2}$컵, 호두 3개, 대추 3개
잣 1작은술, 소금 적당량, 꿀 적당량

장식 : 대추 적당량

만들기

1. 찹쌀가루에 소금과 쑥가루를 넣고 고루 비벼 섞어서 체에 내린 다음 설탕물을 넣고 익반죽한다.

2. 녹두고물에 소금을 넣고 고루 비벼 섞어서 체에 내린다.

3. 소용 호두는 곱게 다지고, 대추는 젖은 면보로 닦고 살만 돌려 깎아서 곱게 다진다. 잣은 면보로 닦아서 고깔을 떼고 곱게 다진다. 다진 호두와 대추, 잣에 거피팥고물, 소금, 꿀을 넣고 섞어서 소를 만든다. [사진 1]

4. 장식용 대추는 젖은 면보로 닦고 살만 돌려 깎아서 꽃모양틀로 찍는다.

5. 찹쌀반죽에 소를 넣고 오므려서 둥글게 빚는다. 냄비에 물을 붓고 끓으면 빚어 놓은 반죽을 넣고 떠오르면 30초~1분 정도 두었다가 건져서 물에 헹구고 물기를 뺀다. [사진 2, 3]

6. 삶은 떡에 녹두고물을 고루 묻히고 꽃대추로 장식한다. [사진 4]

엿 사리여 엿을 사
정월에는 깨범벅 오독오독 씹는엿
이월에는 콩범벅 동글동글 씹는엿
삼월에는 쑥범벅 생긋생긋 씹는엿
사월에는 밀범벅 쫄깃쫄깃 씹는엿
오월에는 취범벅 너풀너풀 씹는엿
유월에는 호박범벅 궁실궁실 씹는엿
칠월에는 수수범벅 올망졸망 씹는엿
팔월에는 무우범벅 서걱서걱 씹는엿
구월에는 쥐뿔범벅 쥐뿔빼서 고은엿
시월에는 개뿔범벅 개뿔빼서 고은엿
동짓달엔 닭뿔범벅 닭뿔빼서 고은엿
섣달에는 쇠뿔범벅 쇠뿔빼서 고은엿
말만 들었지 먹어를 봤나...

엿타령중에서

Part. 3

윤숙자교수의 쉽고 재미있는

한과 만들기

오색매작과

밀가루에 오색 물을 들여 틀어 놓은 것 같아 정갈하고 우아하다.

재료

밀가루 2컵, 옥수수 전분 2큰술
소금 $\frac{1}{2}$작은술, 생강즙 적당량
치자물 · 딸기가루 적당량
파래가루 · 코코아가루 적당량
식용유 2컵

집청 :
설탕 $\frac{1}{2}$컵, 물 $\frac{1}{2}$컵

만들기

1. 밀가루와 옥수수전분에 소금을 넣고 체에 내린 다음 2등분 하고, 하나는 그대로 사용하고 나머지 가루는 다시 4등분 하여 각각 치자물과 딸기가루, 파래가루, 코코아가루를 넣고 고루 비벼 섞어서 생강즙을 넣고 반죽한다. [사진 1, 2]]

2. 흰색 반죽은 밀대로 두께 0.2cm 정도로 밀어서 4등분 하고, 나머지 색을 들인 반죽도 각각 두께 0.2cm 정도로 밀어 편 다음 흰색반죽에 각각의 색을 들인 반죽을 마주 붙여서 다시 두께 0.2cm 정도로 밀어 편다. [사진 3]

3. 밀어 놓은 반죽은 가로 2cm, 세로 4cm 크기로 자르고, 중심에 칼집을 길이 2cm 정도로 넣고, 다시 양쪽으로 칼집을 길이 1cm 정도로 낸 다음 가운데 칼집 사이로 한쪽 끝을 집어 넣고 뒤집는다. [사진 4]

4. 냄비에 설탕과 물을 붓고 끓여 식혀서 집청을 만든다.

5. 팬에 식용유를 붓고 온도가 90~130℃ 정도가 되면 오색매작과 반죽을 넣고 튀긴 다음 건져서 기름을 빼고, 집청한 후 건져서 그릇에 담는다.

리본매작과

삼색 리본의 모양이 단아하고 앙증맞다.

나뭇잎매작과

나뭇잎의 모양과 곡선이 빼어나 아름답다.

재료

밀가루 1컵, 옥수수 전분 1큰술
소금 $\frac{1}{4}$작은술, 우유(물) 적당량
파래가루 1$\frac{1}{3}$큰술
식용유 2컵

집청 :
설탕 $\frac{1}{4}$컵, 물 $\frac{1}{4}$컵

만들기

1. 밀가루와 옥수수전분에 소금을 넣고 체에 내린 다음 2등분 하고, 하나는 그대로 사용하고 나머지 가루에는 파래가루를 넣고 고루 비벼 섞어서 우유를 넣고 반죽한다.

2. 각각의 반죽은 두께 0.2cm 정도로 밀어 편 다음 흰색반죽과 파래반죽을 겹쳐서 다시 두께 0.2cm 정도로 밀어 편다. [사진 1]

3. 밀어 놓은 반죽은 나뭇잎 모양틀로 찍어서 중심에 칼집을 길이 2cm 정도로 넣고, 다시 양쪽으로 칼집을 길이 1cm 정도로 낸 다음 가운데 칼집 사이로 한쪽 끝을 집어 넣고 뒤집는다. [사진 2]

4. 냄비에 설탕과 물을 붓고 끓여 식혀서 집청을 만든다.

5. 팬에 식용유를 붓고 온도가 90~130℃ 정도가 되면 나뭇잎매작과 반죽을 넣고 튀긴 다음 건져서 기름을 빼고, 집청한 후 건져서 그릇에 담는다. [사진 3, 4]

인삼매작과
인삼을 갈아 인삼모양으로 만든 모양이 한국적이다

버선매작과

모양이 매우 아름다워 갓 시집온 새악시 버선볼이 연상된다.

재료

밀가루 1컵, 옥수수 전분 1큰술
소금 $\frac{1}{4}$작은술, 우유(물) 적당량
치자물 적당량
딸기가루 · 파래가루 · 코코아가루 적당량
식용유 2컵

집청 :
설탕 $\frac{1}{4}$컵, 물 $\frac{1}{4}$컵

만들기

1. 밀가루와 옥수수전분에 소금을 넣고 체에 내린 다음 2등분 하고, 하나는 그대로 사용하고 나머지 가루는 다시 4등분 하여 각각 치자물과 딸기가루, 파래가루, 코코아가루를 넣고 고루 비벼 섞어서 우유를 넣고 반죽한다. [사진 1]

2. 흰색 반죽은 밀대로 두께 0.2cm 정도로 밀어서 4등분 하고, 나머지 색을 들인 반죽도 각각 두께 0.2cm 정도로 밀어 편 다음 흰색반죽에 각각의 색을 들인 반죽을 마주 붙여서 다시 두께 0.2cm 정도로 밀어 편다. [사진 2]

3. 밀어 놓은 반죽은 버선 모양틀로 찍어서 중심에 칼집을 길이 2cm 정도로 넣고, 다시 양쪽으로 칼집을 길이 1cm 정도로 낸 다음 가운데 칼집 사이로 한쪽 끝을 집어 넣고 뒤집는다. [사진 3, 4]

4. 냄비에 설탕과 물을 붓고 끓여 식혀서 집청을 만든다.

5. 팬에 식용유를 붓고 온도가 90~130℃ 정도가 되면 버선매작과 반죽을 넣고 튀긴 다음 건져서 기름을 빼고, 집청한 후 건져서 그릇에 담는다.

색채소과

타래실처럼 늘려 허리를 잘룩 감아서 꽃처럼 느껴진다.

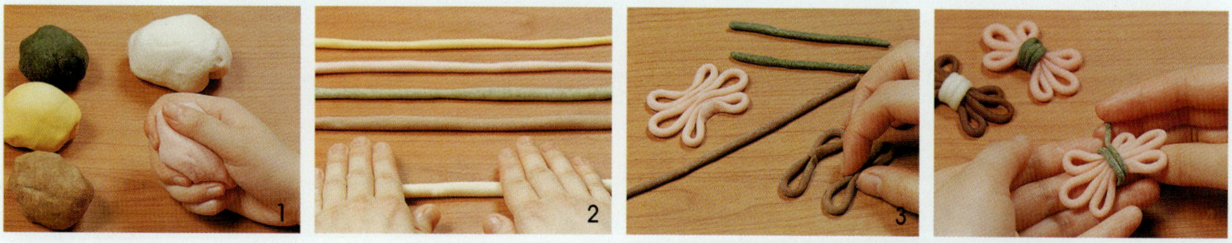

재료

밀가루 2컵, 옥수수 전분 2큰술
소금 $\frac{1}{3}$작은술, 우유(물) 적당량
치자물 · 딸기가루 적당량
쑥가루 · 코코아가루 적당량
식용유 2컵

집청 :
설탕 $\frac{1}{2}$컵, 물 $\frac{1}{2}$컵

만들기

1. 밀가루와 옥수수전분에 분량의 소금을 넣고 체에 내린 다음 5등분 하고, 하나는 그대로 사용하고, 나머지 가루에는 각각 치자물과 딸기가루, 쑥가루, 코코아가루를 넣고 고루 비벼 섞어서 우유를 넣어 반죽한다. [사진 1]

2. 각각의 반죽은 두께 0.3cm 정도로 길게 늘여 펴서 길이 10cm 정도로 색띠를 만든다. [사진 2]

3. 각각의 색띠는 3개씩 둥근모양으로 만들어 붙이고, 가운데를 색띠로 돌돌 말아서 매듭을 만든다. [사진 3. 4]

4. 냄비에 설탕과 물을 붓고 끓여 식혀서 집청을 만든다.

5. 팬에 식용유를 붓고 온도가 90~130℃ 정도가 되면 색채소과 반죽을 넣고 튀긴 다음 건져서 기름을 빼고, 집청한 후 건져서 그릇에 담는다.

꽃채소과

노란 꽃술과 분홍의 꽃잎이 어우러져 맛과 모양이 아름다운 떡이다.

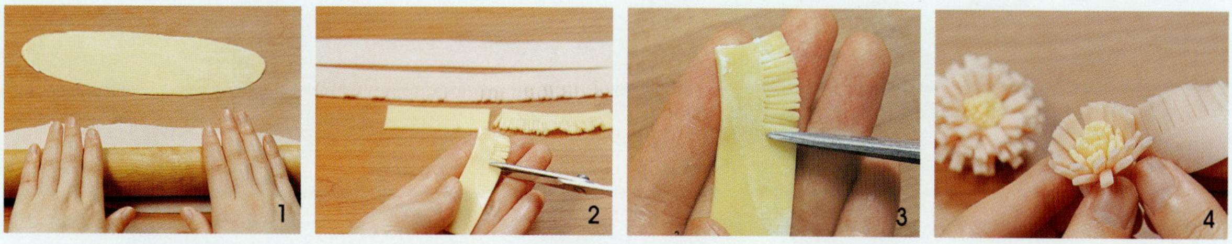

재료

밀가루 1컵, 옥수수 전분 1큰술
소금 $\frac{1}{4}$작은술, 우유(물) 적당량
치자물 · 딸기가루 적당량
식용유 2컵

집청 :
설탕 $\frac{1}{2}$컵, 물 $\frac{1}{2}$컵

만들기

1. 밀가루와 옥수수전분에 분량의 소금을 넣고 체에 내린 다음 2등분 하고, 각각 치자물과 딸기가루를 넣고 고루 비벼 섞어서 우유를 넣어 반죽한다.

2. 각각의 반죽은 두께 0.2cm 정도로 밀어 펴서 길이 10cm, 폭 1.5cm 정도로 썬 다음 아래쪽에 길이 0.5cm, 폭 0.2cm 간격으로 각각 가위집을 넣는다. [사진 1. 2. 3]

3. 치자색 반죽과 딸기색 반죽을 겹쳐서 돌돌 말아 꽃모양을 만든다. [사진 4]

4. 냄비에 설탕과 물을 붓고 끓여 식혀서 집청을 만든다.

5. 팬에 식용유를 붓고 온도가 90~130℃ 정도가 되면 꽃채소과를 넣고 튀긴 다음 건져서 기름을 빼고, 집청한 후 건져서 그릇에 담는다.

· 반죽에 우유가 들어가면 고소하고 부드럽다.

하트채소과

색과 모양의 조화가 아름다워 사랑하는 사람을 연상케한다.

부채차수과

칼집을 내어 튀긴 모양이 마치 부채를 연상시킨다.

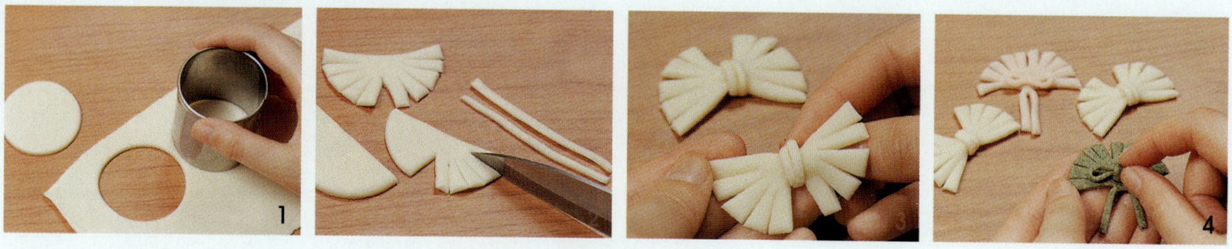

재료

밀가루 1컵, 옥수수 전분 1큰술
소금 $\frac{1}{4}$작은술, 우유(물) 적당량
치자물 · 딸기가루 · 쑥가루 적당량
식용유 2컵

집청 : 설탕 $\frac{1}{4}$컵, 물 $\frac{1}{4}$컵

만들기

1. 밀가루와 옥수수전분에 소금을 넣고 체에 내린 다음 4등분하고, 하나는 그대로 사용하고 나머지 가루는 각각 치자물과 딸기가루, 쑥가루를 넣고 고루 비벼 섞어서 우유를 넣고 반죽한다.

2. 각각의 반죽은 두께 0.2cm 정도로 밀어 편 다음 둥근틀로 찍어서 2등분 하고, 부채모양으로 칼집을 넣는다. [사진 1, 2]

3. 나머지 반죽은 길이 7cm, 폭 0.3cm 정도로 잘라서 색띠를 만들고 부채모양의 가운데를 돌돌만다. [사진 3, 4]

4. 냄비에 설탕과 물을 붓고 끓여 식혀서 집청을 만든다.

5. 팬에 식용유를 붓고 온도가 90~130℃ 정도가 되면 부채차수과 반죽을 넣고 튀긴 다음 건져서 기름을 빼고, 집청한 후 건져서 그릇에 담는다.

호두말이강정

호두를 분홍과 초록색 띠로 감아 튀겨 고소하고 맛이 있다.

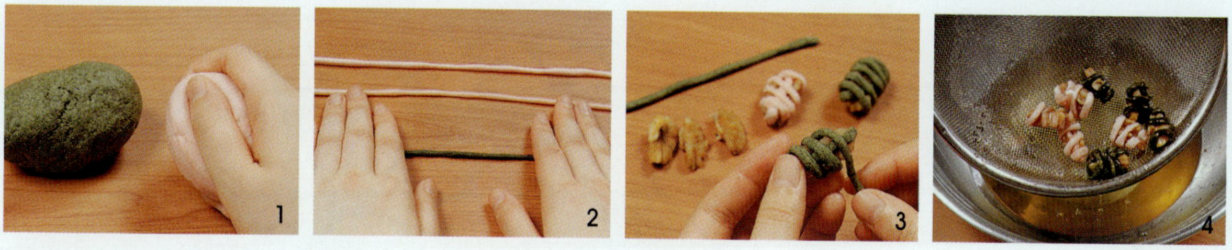

재료

밀가루 1컵, 옥수수 전분 1큰술
소금 $\frac{1}{4}$작은술, 우유(물) 적당량
딸기가루 · 파래가루 적당량
호두 1컵, 식용유 2컵

집청 :
설탕 $\frac{1}{4}$컵, 물 $\frac{1}{4}$컵

만들기

1. 밀가루와 옥수수전분에 소금을 넣고 체에 내린 다음 2등분 하고, 각각 딸기가루와 파래가루를 넣고 고루 비벼 섞어서 우유를 넣고 반죽한다. [사진 1]

2. 각각의 반죽은 두께 0.3cm 정도로 길게 늘여 펴서 길이 15cm 정도로 색띠를 만든다. [사진 2]

3. 각각의 색띠로 호두를 돌돌 말아서 호두말이를 만든다. [사진 3]

4. 냄비에 설탕과 물을 붓고 끓여 식혀서 집청을 만든다.

5. 팬에 식용유를 붓고 온도가 90~130℃ 정도가 되면 호두말이를 넣고 튀긴 다음 건져서 기름을 빼고, 집청한 후 건져서 그릇에 담는다. [사진 4]

각색약과

켜켜로 꿀이 들어가 입에서 사르르 녹는 맛이 일품이다.

재료

밀가루 180g, 참기름 3큰술

약과 양념 :
꿀 3큰술, 청주 2큰술, 소금 $\frac{1}{4}$작은술
생강즙 1큰술, 흰후춧가루 $\frac{1}{4}$작은술
계피가루 $\frac{1}{4}$작은술

고명 : 잣 · 호박씨 · 대추 적당량

집청 :
물엿 1컵, 계피가루 $\frac{1}{2}$작은술, 유자청 $\frac{1}{4}$컵

식용유 2컵

만들기

1. 밀가루를 체에 내려 참기름을 넣고 고루 비벼 섞어서 다시 체에 내린다. [사진 1]

2. 꿀과 청주, 소금, 생강즙, 흰후춧가루, 계피가루를 넣고 섞어서 약과 양념을 만들고 밀가루에 넣어 뭉치듯이 가볍게 반죽한다. [사진 2]

3. 약과 반죽은 밀대로 밀어 펴서 3번 접은 다음 다시 밀어 펴서 3번 접는다. 밀대로 두께 0.7cm 정도로 밀어 펴서 바람개비, 사각형, 꽃모양으로 모양을 만들고 젓가락으로 3~4군데 구멍을 낸다. [사진 3]

4. 잣은 고깔을 떼고, 호박씨와 함께 면보로 닦는다. 대추는 젖은 면보로 닦아서 살만 돌려깍은 후 꽃모양을 만든다.

5. 물엿에 유자청과 계피가루를 넣고 섞어서 집청을 만든다.

6. 팬에 식용유를 붓고 온도가 90℃ 정도가 되면 약과반죽을 넣고 튀겨서 반죽이 모두 떠오르면, 기름 온도를 140℃ 정도로 올려서 앞뒷면이 갈색이 되도록 튀긴다. [사진 4]

7. 튀긴 약과는 기름을 빼고, 집청에 넣어 5~6시간 정도 두었다가 체에 건져서 잣, 호박씨, 대추꽃으로 장식한다.

찹쌀약과

밀가루에 찹쌀가루가 섞여 쫀득한 맛이 별미이다.

福

구선왕도고다식

아홉가지 한약재가 어우러져 특별한 맛과 향이 있으며, 약리효과가 있다.

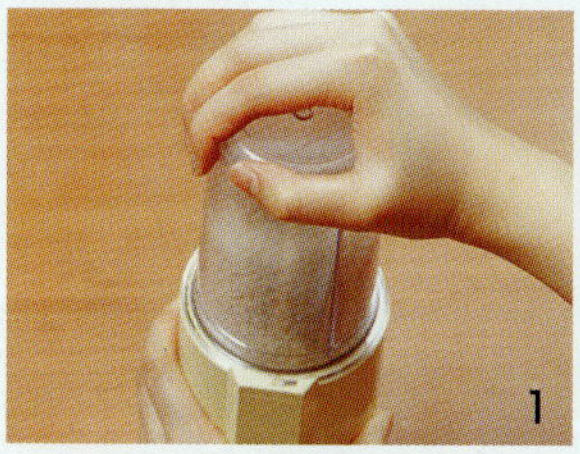
1

2

3

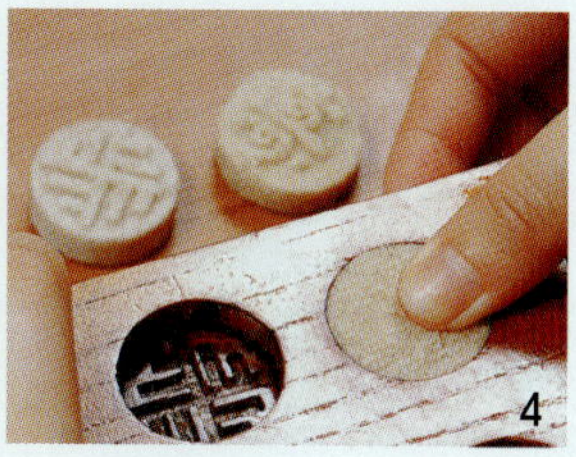
4

재료

멥쌀가루 5컵, 소금 $\frac{1}{2}$큰술
율무가루 15g, 백봉령가루 15g
산약가루 15g, 맥아가루 10g, 능인가루 7g
백변두가루 7g, 시상가루 7g, 설탕 $\frac{2}{3}$컵
물 1컵, 꿀 적당량

만들기

1. 멥쌀가루에 소금과 율무가루, 백봉령가루, 산약가루, 맥아가루, 능인가루, 백변두가루, 시상가루를 넣고 고루 섞은 다음 체에 내린다.

2. 찜기에 물을 붓고 센불에 올려 끓으면 젖은 면보를 깔고, 쌀가루를 넣고 고루 펴서 10분 정도 찐다.

3. 찐 떡은 작게 조각내고 채반에 펴서 말린 다음 분쇄기에 넣고 곱게 갈아서 고운체에 내린다. [사진 1. 2]

4. 떡가루에 꿀을 넣고 반죽한다. [사진 3]

5. 다식틀에 식용유를 바르고, 다식 반죽을 채워 넣고 꼭꼭 눌러 박아 낸다. [사진 4]

백봉령다식

소나무 뿌리에서 기생하는 백봉령을 가루내어 만든 건강다식이다.

반달다식

부드러운 코코넛과 고소한 옥수수, 신선한 파래향이 입안 가득히 느껴지는 한과이다.

재료

파래다식 :
코코넛파우더 $\frac{1}{2}$컵, 청포묵녹말 3큰술
파래가루 2큰술, 슈거파우더 $\frac{1}{3}$작은술
꿀 5큰술

옥수수다식 :
코코넛파우더 $\frac{1}{4}$컵, 옥수수가루 $\frac{1}{4}$컵
슈거파우더 $\frac{1}{3}$작은술, 꿀 4큰술

식용유 적당량

만들기

1. 코코넛파우더에 청포묵녹말과 파래가루를 넣고 고루 섞은 다음 슈거파우더와 꿀을 넣고 반죽하여 파래다식을 만든다. [사진 1]

2. 코코넛파우더에 옥수수가루를 넣고 고루 섞은 다음 슈거파우더와 꿀을 넣고 반죽하여 옥수수다식을 만든다. [사진 2]

3. 다식판에 식용유를 고루 바르고, 각각의 다식 반죽을 떼어 절반씩 채워 넣고 꼭꼭 눌러 박아 낸다. [사진 3, 4]

동이다식

노란 치즈가루와 하얀색의 코코넛가루, 초록의 파래가루가 어우러져 아름답다.

마꽃다식

다식위에 매화가 활짝 핀 듯 아름다운 한과이다.

재료

마가루 1컵, 사과원액 2큰술, 꿀 2큰술
옥수수가루 · 시금치가루 · 딸기가루 적당량
식용유 적당량

만들기

1. 마가루는 2등분 하여 $\frac{1}{2}$량은 그대로 사용하고, 나머지 $\frac{1}{2}$량은 3등분 하여 각각 옥수수가루, 시금치가루, 딸기가루를 넣고 고루 비벼 섞어서 체에 내린다. [사진 1, 2]

2. 각각의 가루에 사과원액과 꿀을 나누어 넣고 반죽한다.

3. 꽃모양의 다식틀에 식용유를 바르고, 삼색의 다식 반죽을 떼어 꽃모양을 채워 꼭꼭 눌러 박은 다음 마다식 반죽을 떼어 넣고 채워서 꼭꼭 눌러 박아 낸다. [사진 3, 4]

송이다식

마가루와 함께 색이 고운 기능성 식품이 알알이 박혀있다.

감자정과

얇게 썬 감자에 붉은 물을 들여 장미꽃처럼 만든 정과이다.

재료

감자 1개, 물 3컵, 소금 $\frac{1}{2}$작은술
물 2컵, 설탕 6큰술, 딸기가루 10g
물엿 2큰술, 꿀 1큰술

만들기

1. 감자는 깨끗이 씻어 껍질을 벗기고 결대로 두께 0.1cm 정도로 썰어서 물에 5시간 정도 담갔다가 체에 건져 물기를 뺀다.

2. 냄비에 물을 붓고 센불에 올려 끓으면 소금과 감자를 넣고 데쳐서 체에 밭쳐 물기를 뺀다. [사진 1]

3. 냄비에 물과 설탕, 딸기가루, 감자를 넣고 센불에 올려 끓으면 중불로 낮추어 20분 정도 끓이다가 물엿을 넣고 약불로 낮추어 30분 정도 졸인다. [사진 2]

4. 감자가 투명해지면 꿀을 넣고 5분 정도 더 끓여 채반에 건져 1~2일 정도 말린다. [사진 3]

5. 꾸득하게 말린 감자정과를 겹쳐서 꽃모양을 만든다. [사진 4]

· 감자정과는 물에 담구어 녹말이 빠져야 부서지지 않고 잘 된다.

연근정과

연근을 설탕물에 졸여 쫀득쫀득하게 만든 정과이다.

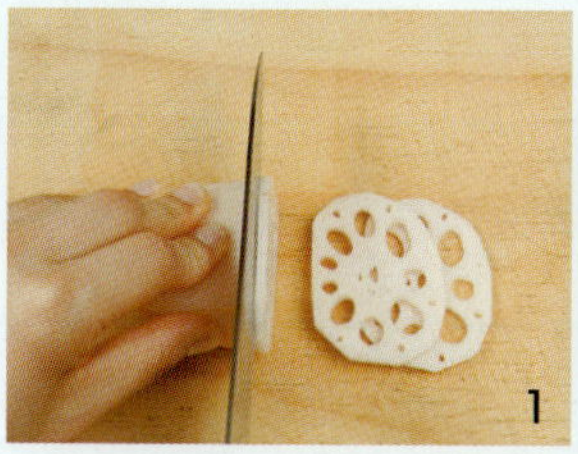

1

4

재료

연근 100g, 물 2컵
식초 1큰술, 소금 $\frac{1}{4}$작은술, 물 3컵
물 4컵, 설탕 4큰술
물엿 $1\frac{1}{2}$큰술, 꿀 $\frac{2}{3}$큰술

만들기

1. 연근은 깨끗이 씻어 껍질을 벗기고 두께 0.5cm 정도로 썰어서 식초물에 30분 정도 담갔다가 체에 건져 물기를 뺀다. [사진 1]

2. 냄비에 물을 붓고 센불에 올려 끓으면 소금과 연근을 넣고 10분 정도 데친다. [사진 2]

3. 냄비에 삶은 연근과 물, 설탕을 넣고 센불에 올려 끓으면, 중불로 낮추어 20분 정도 졸이다가 물엿을 넣고 약불로 낮추어 40분 정도 더 졸인다. [사진 3]

4. 연근이 투명하게 조려지면 꿀을 넣고 10분 정도 졸인 다음 체에 건져 10분 정도 두었다가 그릇에 담는다. [사진 4]

· 연근정과는 졸이다가 물이 부족하면 더 넣고 졸인다.
· 연근의 가장자리를 꽃모양으로 다듬어 졸여도 좋다.
· 연근의 굵기가 직경 5cm 정도인 것이 좋다.

무정과

무를 얇게 저며 썰어서 설탕물에 투명하게 졸인 정과로 달콤하고 쫀득한 맛이 별미이다.

1

2

3

4

재료

무 200g, 물 2컵
소금 $\frac{1}{2}$작은술
물 2컵, 설탕 4큰술
물엿 $1\frac{1}{2}$큰술, 꿀 $\frac{2}{3}$큰술

만들기

1. 무는 깨끗이 씻어서 원형틀로 찍고 길이로 반을 잘라 두께 0.2cm 정도로 썬다. [사진 1]

2. 냄비에 물을 붓고 센불에 올려 끓으면 소금과 무를 넣고 2분 정도 데쳐서 체에 밭쳐 물기를 뺀다. [사진 2]

3. 냄비에 물과 설탕, 무를 넣고 센불에 올려 끓으면 중불로 낮추어 20분 정도 끓이다가 물엿을 넣고 약불로 낮추어 30분 정도 졸인다.

4. 무가 투명해지면 꿀을 넣고 5분 정도 더 졸인 다음 채반에 건져 1~2일 정도 말린 다음 겹쳐서 꽃모양을 만든다. [사진 3, 4]

당근정과

당근을 꽃모양으로 찍어서 설탕물에 졸여낸 정과이다.

재료

당근 1개, 소금 $\frac{1}{2}$작은술, 물 2컵
물 2컵, 설탕 4큰술
물엿 $1\frac{1}{2}$큰술, 꿀 $\frac{2}{3}$큰술

만들기

1. 당근은 깨끗이 손질하여 씻어서 꽃모양틀로 찍어서 두께 0.5cm 정도로 썬다. [사진 1, 2]

2. 냄비에 물을 붓고 센불에 올려 끓으면 소금과 당근을 넣고 1분 정도 데쳐서 체에 건져 물기를 뺀다.

3. 냄비에 물과 설탕, 당근을 넣고 센불에 올려 끓으면 중불로 낮추어 10분 정도 끓이다가 물엿을 넣고 약불로 낮추어 30분 정도 졸인다. [사진 3]

4. 당근이 투명해지면 꿀을 넣고 5분 정도 졸이고 체에 받쳐 1~2일 정도 말린 다음 겹쳐서 꽃모양을 만든다. [사진 4]

· 당근의 색이 선명해야 곱다.
· 당근이 큰 것은 속이 비어있어 좋지 않다.
· 당근 정과는 오래 졸이면 색이 적갈색으로 변한다.

도라지정과

통도라지를 어슷 썰어 설탕물에 투명하게 졸여낸 것이다.

양파정과

보라색의 적양파를 설탕물에 조려 만든 정과이다.

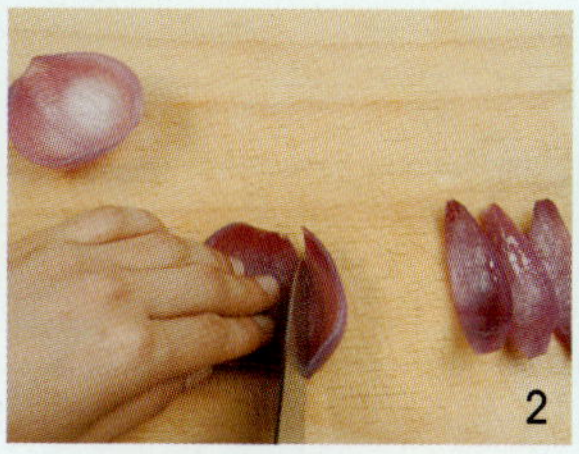

재료

적양파 $1\frac{1}{3}$개
물 5컵
설탕 $\frac{3}{4}$컵

만들기

1. 적양파는 깨끗이 손질하여 씻어서 길이로 2~4등분 한다.
2. 찜기에 물을 붓고 센불에 올려 끓으면 적양파를 넣고 5분 정도 찐다. [사진 1]
3. 찐 적양파는 하나하나 떼어 길이로 2~4등분 한다. [사진 2]
4. 냄비에 물과 설탕을 넣고 센불에 올려 끓으면 찐 적양파를 넣고 중불로 낮추어 10분 정도 끓이다가 약불로 낮추어 30분 정도 더 졸인다. [사진 3]
5. 적양파가 투명해지면 채반에 건져 1~2일 정도 말린다. [사진 4]

사과정과

사과를 반달모양으로 썰어서 설탕을 뿌려 부드럽고 쫀득하게 만든 정과이다.

1

2

3

4

재료

사과 1개
설탕 $\frac{3}{4}$컵

만들기

1. 사과를 깨끗이 씻어 씨를 빼고 반으로 잘라 두께 0.2cm 정도로 반달모양으로 썬다. [사진 1]

2. 찜기에 물을 붓고 센불에 올려 끓으면 썰어 놓은 사과를 넣고 2분 정도 찐다. [사진 2]

3. 그릇에 설탕의 $\frac{1}{4}$량을 뿌리고 사과를 고루 펴서 놓고, 다시 설탕의 $\frac{1}{4}$량을 사과 위에 고루 뿌린 다음 5시간 정도 둔다. [사진 3]

4. 설탕이 다 녹으면 설탕물을 따라 내고 다시 설탕의 $\frac{1}{4}$량을 사과 위에 고루 뿌린 다음 다시 한 번 반복한다.

5. 사과의 즙이 빠지면 채반에 고루 펴서 1~2일 정도 말린 다음 겹쳐서 꽃모양을 만든다. [사진 4]

각색사과란

달콤하고 향긋한 사과란에 색색의 고물을 묻혀 아름답고 먹기 간편하게 만든 한과이다.

1

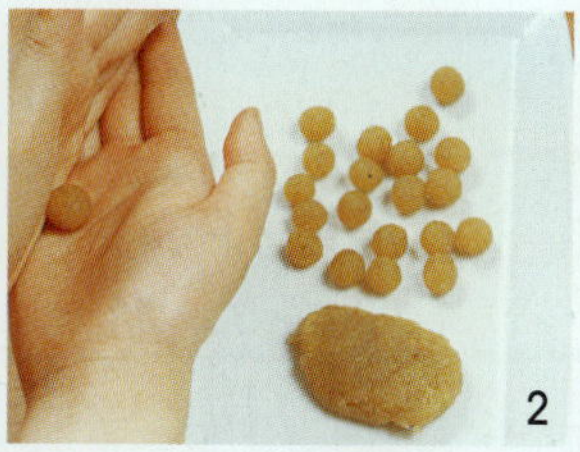
2

3

4

재료

사과 20개(사과 갈은 건지 800g)
설탕 300g, 꿀 2큰술
노란콩가루 · 백련초가루 적당량
파란콩가루 · 송화가루 적당량
꼬치

만들기

1. 사과는 강판에 간 다음, 건지는 면보에 꼭 짜 놓는다. [사진 1]
2. 노란콩가루와 백련초가루는 3:1의 비율로 섞어 놓고 파란콩가루, 송화가루는 체에 내린다.
3. 냄비에 사과건지와 설탕을 넣고 약불에서 졸이다가 꿀을 넣고 졸인다.
4. 조린 사과란 반죽을 떼어 직경 1cm 정도로 둥글게 빚고, 각각의 고물을 묻혀 꼬치에 색깔 맞춰 꽂는다. [사진 2. 3. 4]

태극란

노란빛 붉은빛 초록빛의 조화가 한국을 대표하는 문양이다.

율란

찐 밤 과육에 꿀을 넣고 반죽하여 초콜렛을 묻힌 것으로 부드럽고
달콤한 맛이 가을을 느끼게 한다.

재료

밤 30개
설탕 100g
꿀 4큰술
초콜릿 적당량
꼬치

만들기

1. 밤은 찜기에 쪄서 과육만 발라 내고 체에 내린다. [사진 1]

2. 찐 밤에 설탕과 꿀을 넣고 고루 섞어 반죽한다. [사진 2]

3. 밤 반죽을 떼어 밤모양, 고치모양으로 빚는다. [사진 3]

4. 초콜릿은 잘게 다져서 중탕하여 녹으면, 빚어 놓은 밤에 묻힌다. [사진 4]

생강란

생강의 매운 맛과 잣의 고소한 맛, 꿀의 단맛이 잘 어우러진다.

당근란

당근을 졸여서 다시 작은 당근 모양으로 만든 것으로 앙증맞은 모양이 먹는 맛을 더한다.

1

2

3

4

재료

당근 600g
설탕 200g
꿀 1큰술
녹차가루 적당량

만들기

1. 당근은 깨끗이 씻고 잘게 썰어서 냄비에 물과 함께 넣고 푹 삶는다. [사진 1]

2. 삶은 당근은 체에 내린 다음 면보에 꼭 짠다. [사진 2]

3. 당근 건지에 설탕을 넣고 약한 불에서 졸이다가, 꿀을 넣고 바짝 졸인다. [사진 3]

4. 졸인 반죽을 떼어 당근 모양을 만들고 일부는 녹차가루를 넣고 섞어 당근 줄기를 만든다. [사진 4]

호박란
단호박으로 만든 란으로 샛노란 빛깔이 풍요의 가을을 연상케한다.

체리란

체리와 코코넛이 한데 어우러져 짙은 듯 하면서도 사랑스러운 모양이다.

재료

체리(통조림) 300g
코코넛가루 100g
설탕 100g
꿀 1큰술
코코넛파우더 $\frac{1}{2}$컵

만들기

1. 체리는 작은 크기로 곱게 다진다. [사진 1]
2. 냄비에 체리, 코코넛가루, 설탕을 넣고 약한 불에서 졸이다가, 꿀을 넣어 덩어리로 뭉칠 때까지 졸인다. [사진 2]
3. 졸인 체리 반죽을 떼어 하트 모양으로 만든다. [사진 3]
4. 코코넛파우더를 고루 묻힌다. [사진 4]

유자란

유자의 짙은 향기에 빠져드는 듯 맛과 향이 대단하다.

사과토끼란

사과란을 토끼모양으로 앙증맞게 만들어 아이들이 좋아하는 한과이다.

재료

사과 5개

색 :

녹차가루 2g, 딸기가루 2g
치자물 3g(치자 2g+물 10g)

설탕 $6\frac{2}{3}$큰술, 코코넛가루 10g
호박씨 2g, 흑임자 1g

만들기

1. 사과는 씻어서 껍질을 벗기고 씨를 도려낸 다음 강판에 갈아서 설탕 $2\frac{2}{3}$큰술을 넣고 고루 섞는다.

2. 사과 갈은 것을 면보에 꼭 짜서 사과건지를 만든다. [사진 1]

3. 냄비에 사과건지와 나머지 설탕 4큰술을 넣고 약불에서 덩어리로 뭉칠때까지 졸인다. [사진 2]

4. 졸인 사과는 3등분 하여 각각 녹차가루와 딸깃가루, 치자물을 넣고 고루 섞어 색을 들인 다음 토끼모양으로 빚는다. [사진 3]

5. 빚은 토끼란에 코코넛가루를 고루 묻히고 호박씨와 흑임자로 귀와 눈을 장식한다. [사진 4]

새콤이과편

색도 아름답고 새콤달콤하여 피로회복에 좋다.

재료

오렌지 2개, 불린 한천 $\frac{1}{2}$컵
젤라틴 1장, 설탕 $\frac{1}{2}$컵
흰팥앙금 $\frac{1}{2}$컵, 소금 적당량
청포묵녹말 2큰술

만들기

1. 오렌지는 씻어서 껍질을 벗기고 과육만 발라 얇게 썬 다음 냄비에 물과 함께 넣고 푹 끓여 체에 내린다. [사진 1. 2]

2. 냄비에 오렌지즙과 불린 한천을 넣고 끓여서 한천이 녹으면 젤라틴과 설탕, 흰팥앙금, 소금을 넣고 끓이다가 청포묵녹말을 넣고 졸인다. [사진 3. 4]

3. 뚝뚝 떨어지는 젤리상태의 농도가 되면 불을 낮추어 뜸을 들이고, 과편틀에 물을 바른 다음 넣고 굳혀서 새콤이과편을 만든다.

포도과편

포도의 맛과 보라의 색이 어울려 환상적이다.

재료

포도 2송이, 불린 한천 $\frac{1}{2}$컵
젤라틴 1장, 설탕 $\frac{1}{2}$컵
흰팥앙금 $\frac{1}{2}$컵, 소금 적당량
청포묵녹말 2큰술

만들기

1. 포도는 깨끗이 씻어서 알알이 떼어 낸다.

2. 냄비에 포도알을 넣고 으깬 다음 물을 붓고 푹 끓여 체에 내린다. [사진 1, 2]

3. 냄비에 포도즙과 불린 한천을 넣고 끓여서 한천이 녹으면 젤라틴과 설탕, 흰팥앙금, 소금을 넣고 끓이다가 청포묵녹말을 넣고 졸인다. [사진 3]

4. 뚝뚝 떨어지는 젤리상태의 농도가 되면 불을 낮추어 뜸을 들이고, 과편틀에 물을 바른 다음 넣고 굳혀서 포도과편을 만든다. [사진 4]

망고과편

망고의 노란 색과 신선한 향이 은은하며 맛 또한 절묘하다.

모자이크과편

바두기 모양이 아름다워 어린이와 어른들 모두가 좋아하는 과편이다.

재료

사과과편 :
사과 3개, 불린 한천 $\frac{1}{2}$컵, 젤라틴 1장
설탕 $\frac{1}{2}$컵, 흰팥앙금 $\frac{1}{2}$컵, 소금 적당량
청포묵녹말 2큰술

쑥과편 :
쑥 200g, 물 1컵, 쑥가루 $\frac{1}{2}$작은술
불린 한천 $\frac{1}{2}$컵, 설탕 $\frac{1}{2}$컵, 젤라틴 1장
소금 적당량, 청포묵녹말 2큰술

오미자편 :
오미자 $\frac{1}{4}$컵, 불린 한천 $\frac{1}{2}$컵, 설탕 $\frac{1}{2}$컵
흰팥앙금 $\frac{1}{2}$컵, 젤라틴 1장
청포묵녹말 2큰술

만들기

1. 사과는 껍질을 벗기고 얇게 썰어서 물을 넣고 푹 끓여 체에 내린다. 냄비에 사과즙과 불린 한천을 넣고 끓여서 한천이 녹으면 젤라틴과 설탕, 흰팥앙금, 소금을 넣고 끓이다가 청포묵녹말을 넣고 졸인다.
2. 뚝뚝 떨어지는 젤리상태의 농도가 되면 불을 낮추어 뜸을 들이고 직경 5cm 정도의 사각틀에 넣고 굳혀서 사과과편을 만들고, 열십자로 잘라 사각틀에 두 조각씩 대각선으로 넣는다.
3. 쑥은 물을 붓고 믹서에 갈아서 면보에 받친 다음 쑥가루를 넣고 섞는다. 냄비에 갈아 놓은 쑥즙과 불린 한천을 넣고 끓여서 한천이 녹으면 젤라틴과 설탕, 소금을 넣고 끓이다가 청포묵녹말을 넣고 졸인다. [사진 1]
4. 뚝뚝 떨어지는 젤리상태의 농도가 되면 불을 낮추어 뜸을 들이고 사과과편이 담긴 사각틀에 넣고 굳혀서 쑥과편을 만든다. [사진 2]
5. 오미자는 씻어 건져서 찬물에 하룻밤 정도 담가 두었다가 체에 걸려 오미자 국물을 만든다. 냄비에 오미자 국물과 불린 한천을 넣고 끓여서 한천이 녹으면 젤라틴과 설탕, 흰팥앙금, 소금을 넣고 끓이다가 청포묵녹말을 넣고 졸인다. [사진 3]
6. 뚝뚝 떨어지는 젤리상태의 농도가 되면 불을 낮추어 뜸을 들이고 사과과편이 담긴 사각틀에 넣고 굳혀서 오미자과편을 만든다. [사진 4]

꽃과편

울긋불긋 마치 꽃을 수 놓은 듯하다.

하늘이과편

새파란 하늘을 연상시키는 빛이 푸른 과편이다.

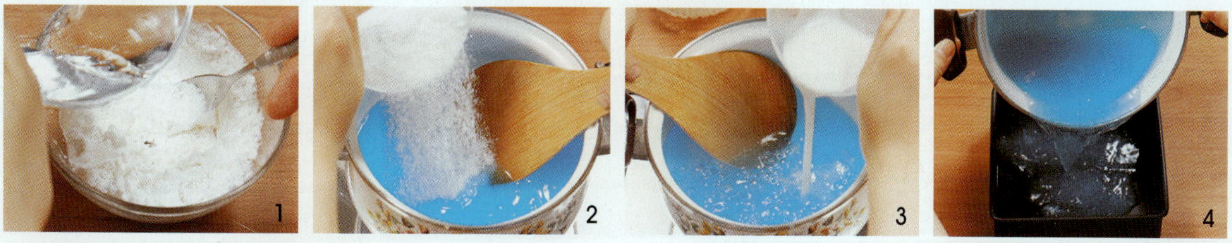

재료

파워에이드 음료 1컵, 불린 한천 $\frac{1}{2}$컵
젤라틴 1장, 설탕 $\frac{1}{2}$컵
흰팥앙금 $\frac{1}{2}$컵, 소금 적당량
청포묵녹말 2큰술

만들기

1. 청포묵녹말과 물을 동량으로 넣고 섞어서 물녹말을 만든다. [사진 1]

2. 파워에이드 음료에 불린 한천을 넣고 끓여서 한천이 녹으면 젤라틴과 설탕, 흰팥앙금, 소금을 넣고 끓이다가 청포묵녹말을 넣고 졸인다. [사진 2, 3]

3. 뚝뚝 떨어지는 젤리상태의 농도가 되면 불을 낮추어 뜸을 들이고, 과편틀에 물을 바른 다음 넣고 굳혀서 하늘이과편을 만든다. [사진 4]

조가비과편

사과의 향과 조가비의 모양이 잘 어우러져 순수를 느끼게 한다.

새악시과편

주홍빛의 색감이 화려하며 볼록한 모양이 아름답다.

1

2

3

4

재료

당근 3개, 불린 한천 $\frac{1}{2}$컵
젤라틴 1장, 설탕 $\frac{1}{2}$컵
흰팥앙금 $\frac{1}{2}$컵, 소금 적당량
청포묵녹말 2큰술

만들기

1. 당근은 작은 크기로 잘라, 물을 넣고 푹 끓여 체에 내린다. [사진 1, 2]

2. 불린 한천을 넣어 녹을 때까지 끓이다가 젤라틴, 설탕, 흰팥앙금, 소금을 넣고 끓인다. [사진 3]

3. 마지막에 청포묵녹말을 넣고 졸이다가 뚝뚝 떨어지는 젤리상태의 농도가 되면 불을 낮추어 뜸을 들인다. [사진 4]

4. 그릇에 물 칠을 한 다음 쏟아 부어 굳어지면 떼어 낸다.

달맞이과편

고구마의 맛과 색이 달님과 같아 은은하고 조화롭다.

단호박 & 완두양갱

단호박과 완두를 설탕에 졸여서 통밤을 넣어 만든 영양갱이다.

1

3

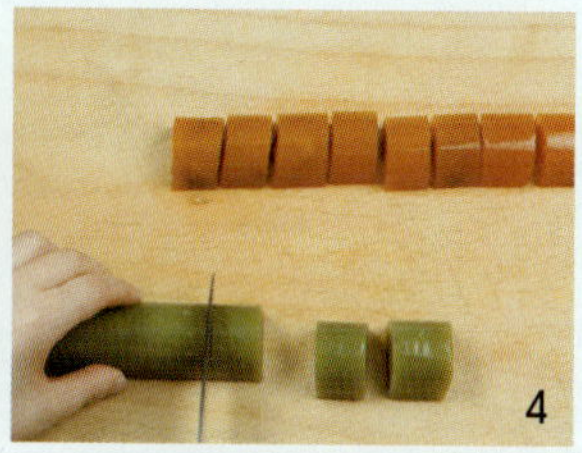
4

재료

단호박양갱 :
단호박 200g, 물 $\frac{1}{2}$컵
한천 7g, 설탕 1컵, 물엿 $\frac{1}{4}$컵

완두양갱 :
완두콩 3컵, 물 $\frac{1}{2}$컵, 한천 7g
설탕 $\frac{3}{4}$컵, 물엿 $\frac{1}{4}$컵

밤 8개, 설탕 3큰술, 물 $\frac{1}{2}$컵
치자물 10g(치자 1개+물 15g)

만들기

1. 단호박은 씻어서 씨와 속을 긁어내고, 찜기에 넣어 15분 정도 찐 다음 과육만 발라 체에 내린다.

2. 완두콩은 씻어서 냄비에 물과 함께 넣고 센불에 올려 끓으면, 중불로 낮추어 20분 정도 삶아서 물기를 빼고 방망이로 찧어 체에 내린다. [사진 1]

3. 한천은 각각 미지근한 물에 담가 1시간 정도 불린다.

4. 밤은 껍질을 벗긴다. 냄비에 물과 설탕, 치자물을 넣고 끓으면 밤을 넣고 중불에 졸여서 색을 들인다.

5. 냄비에 물과 불린 한천을 넣고 끓여서 한천이 녹으면 설탕과 물엿을 넣고 더 끓인 다음 단호박 과육을 넣고 졸여서 끈기가 생기면 졸인 밤의 $\frac{1}{2}$량을 넣고 약불로 낮추어 2분 정도 더 졸인다.

6. 냄비에 물과 불린 한천을 넣고 끓여서 한천이 녹으면 설탕과 물엿을 넣고 더 끓인 다음 완두콩 과육을 넣고 졸여서 끈기가 생기면 나머지 졸인 밤의 $\frac{1}{2}$량을 넣고 약불로 낮추어 2분 정도 더 졸인다. [사진 2]

7. 양갱틀에 물을 묻히고 졸여 놓은 단호박 양갱물과 완두 양갱물을 각각 붓고, 굳으면 틀에서 떼고 폭 2cm 정도로 썬다. [사진 3, 4]

동그리강정

튀긴 쌀에 여러가지 과일을 넣고 동그랗게 만든 쌀엿강정으로
작고 앙증맞아 한입에 먹기 좋은 한과이다.

재료

삶아서 말린 쌀 $\frac{3}{4}$컵
호박씨 2큰술, 대추 3개
열대과일 2큰술, 볶은 흑임자 2큰술
설탕시럽 $\frac{3}{4}$컵, 식용유 적당량

만들기

1. 팬에 식용유를 붓고 온도가 220℃ 정도가 되면 말린 쌀을 체에 넣고 2~3초 정도 튀긴 다음 건져서 기름을 뺀다.

2. 호박씨는 면보로 닦아서 곱게 다진다. 대추는 젖은 면보로 닦고 살만 돌려 깎아서 곱게 다진다. 열대과일과 흑임자는 준비해 놓는다. [사진 1]

3. 팬을 달구어 설탕시럽을 넣고 끓으면 튀긴 쌀과 호박씨, 대추, 열대과일, 흑임자를 넣고 나무주걱으로 한덩어리가 되도록 고루 섞는다. [사진 2, 3]

4. 버무린 쌀엿강정은 뜨거울 때 한입크기로 떼어서 동그랗게 만든다. [사진 4]

견과류강정

머리가 좋아지는 견과류를 듬뿍 넣고 만들어서 어린이 간식으로 좋다.

노을쌀강정

사각의 쌀양갱 위에 잠자리를 수놓아 가을 하늘을 연상시키는 한과이다.

재료

삶아서 말린 쌀 1컵
설탕시럽 $\frac{3}{4}$컵
식용유 적당량

장식 :
산수유 적당량

만들기

1. 팬에 식용유를 붓고 온도가 220℃ 정도가 되면 말린 쌀을 체에 넣고 2~3초 정도 튀긴 다음 건져서 기름을 뺀다. [사진 1]

2. 팬을 달구어 설탕시럽을 넣고 끓으면 튀긴 쌀을 넣고 나무주걱으로 한덩어리가 되도록 고루 섞는다. [사진 2]

3. 사각틀에 식용유를 고루 바르고 설탕시럽에 버무린 엿강정을 채워 넣는다. [사진 3]

4. 산수유는 물에 불린 다음 물기를 닦는다.

5. 사각형의 엿강정에 산수유로 잠자리 모양을 만들어 장식한다. [사진 4]

바두기강정

흑미와 파래향이 어우러진 모자이크 모양의 색상이 아름다운 한과이다.

재료

삶아서 말린 쌀 1컵
삶아서 말린 흑미쌀 1컵
설탕시럽 $1\frac{1}{2}$컵
파래가루 적당량
식용유 적당량

만들기

1. 말린 쌀과 말린 흑미쌀을 220℃에서 2~3초간 튀겨 낸 다음 기름을 완전히 빼 놓는다.

2. 팬에 시럽을 2등분 하여 하나는 파래가루를 넣고 졸인 다음 튀긴 쌀을 넣어 버무리고, 나머지는 흑미 튀긴 쌀을 넣어 버무린다. [사진 1, 2]

3. 사각모양으로 길게 모양을 낸 다음, 정사각형으로 잘라 서로 엇갈려 맞붙여 모자이크 모양을 만든다. [사진 3, 4]

돌돌이강정

동글동글 색색이 아름다운 쌀엿강정이다.

빈사과

얼음과자처럼 속이 비치며 입안에서 사르르 녹는 맛이 별미이다.

재료

찹쌀 5컵, 소주 3큰술
설탕 3큰술
설탕시럽 · 식용유 · 녹말 적당량

콩물 :
불린 흰콩 $\frac{1}{2}$컵, 물 $\frac{1}{2}$컵

만들기

1. 찹쌀을 깨끗이 씻어 1~2주일 정도 담가 두고 골마지가 끼면 여러 번 헹구어 씻어서 가루로 빻아 체에 내린다.
2. 불린 흰콩은 물을 넣고 곱게 갈아서 콩물을 만든다.
3. 체에 내린 찹쌀가루에 소주와 설탕, 콩물을 넣고 주걱으로 고루 섞어서 반죽한다.
4. 찜기에 물을 붓고 끓으면 젖은 면보를 깔고 반죽을 넣어 찐 다음 방망이로 꽈리가 일도록 친다.
5. 도마에 녹말을 고루 뿌리고 반죽을 펴서 밀대로 두께 0.3cm 정도로 밀어 편 다음, 가로 · 세로 0.5cm 정도로 잘라서 말린다. [사진 1]
6. 팬에 식용유를 붓고 온도가 90℃ 정도가 되면 말린 빈사과 바탕을 넣고 떠오르면 체에 건진다. 다시 식용유 온도를 올려 170~180℃ 정도가 되면 튀긴 빈사과를 넣고 색이 나지 않게 튀긴 다음 건져서 기름을 뺀다. [사진 2]
7. 팬을 달구어 설탕시럽을 넣고 끓으면 튀긴 빈사과를 넣고 나무주걱으로 한덩어리가 되도록 고루 섞는다. [사진 3]
8. 버무린 엿강정이 뜨거울 때 모양틀에 채워 넣는다. [사진 4]

· 빈사과 바탕을 튀길 때 일찍 꺼내면 바삭거리지 않는다.

고구마강정

바삭하게 튀긴 고구마에 설탕시럽을 넣고 버무려 만든 한과로
달콤하고 고소한 맛이 별미이다.

재료

고구마 2개
설탕시럽 $\frac{1}{2}$컵
건포도 10g
식용유 적당량

만들기

1. 고구마는 깨끗이 씻어서 가로 · 세로 0.5cm 굵기로 채 썰고, 물에 1시간 정도 담가서 녹말을 뺀 다음 물기를 닦는다. [사진 1]

2. 팬에 식용유를 붓고 온도가 140~150℃ 정도가 되면 고구마를 넣고 튀겨서 한김 식으면 다시 한번 더 튀기고 체에 밭쳐 기름을 뺀다. [사진 2]

3. 팬을 달구어 설탕시럽을 넣고 끓으면 튀긴 고구마와 건포도를 넣고 나무주걱으로 한덩어리가 되도록 고루 섞는다. [사진 3]

4. 강정틀에 비닐을 깔고 식용유를 고루 바른 다음 버무린 고구마강정을 놓고 두께 0.5cm 정도로 밀어 편 다음 굳으면 가로 4cm, 세로 3cm 크기로 자른다. [사진 4]

미로강정

꼬불꼬불한 라면과 그 사이사이에 대추의 어우러짐이 미로처럼 재미있다.

2

4

재료

라면 1봉지
대추 5개
치자물 · 파래가루 적당량
설탕시럽 $\frac{1}{2}$컵
식용유 적당량

만들기

1. 냄비에 물을 붓고 끓으면 라면을 넣고 삶아서 체에 밭쳐 물기를 뺀다.

2. 팬에 식용유를 붓고 온도가 140~150℃ 정도가 되면 삶은 라면을 넣고 노릇하게 튀겨서 기름을 뺀다. [사진 1]

3. 대추는 젖은 면보로 닦고 살만 돌려 깎아서 곱게 채 썬다.

4. 팬을 달구어 설탕시럽을 넣고 끓으면 튀긴 라면과 대추채를 넣고 나무주걱으로 한덩어리가 되도록 고루 섞는다. [사진 2, 3]

5. 사각틀에 식용유를 고루 바르고 설탕시럽에 버무린 라면강정을 채워 넣는다. [사진 4]

· 라면강정은 크게 만들어 한입 크기로 썰기도 한다.

떡 · 한과 관련업체 안내

(주)궁실식품
www.goongshil.co.kr

궁중의 맛 그대로 지켜가는 50년 전통의 한과 명가로 한국전통의 고유한 미(美)와 미(味)를 지켜나가며 가장 한국적인 모습으로 세계적인 가치를 이어나가는 떡 · 한과 전문업체입니다.

떡 · 한과, 폐백이바지, 답례품
경기도 성남시 중원구 상대원동 545-7 전화 031-732-3877 팩스 031-735-9205

금손아씨

(사)한국전통음식연구소 졸업생으로 제1호 창호점입니다.
떡 · 한과, 폐백이바지 포장재료, 목기, 보자기류를 전문적으로 취급하는 도소매업체입니다.

떡 · 한과, 폐백이바지 포장재료, 목기, 보자기류
서울 동대문구 제기동 1022 전화 02-965-1698 팩스 02-965-4459

(주)담양한과
www.damyang.co.kr

전라도식 전통한과의 맥을 이어가는 (주)담양한과는 예부터 쌀엿과 조청으로 유명한 담양 창평의 전통방식을 고수하여 생산하는 전통한과 전문업체입니다. 2002년 미국 FDA인증 획득 등의 성과를 거두었으며 현재 미국, 일본, 대만 등에 한과를 수출하고 있습니다.

한과선물세트, 폐백이바지, 시제 · 제사음식, 쌀엿상품, 유기농상품
전라남도 담양군 창평면 삼천리 180-1 전화 061-383-8283 팩스 061-382-8347

(주)대두식품
www.idaedoo.co.kr

(주)대두식품은 식품소재 전문기업으로 앙금부문 국내 시장점유율 1위의 자리를 유지하고 있으며, 쌀가루 산업화를 통해 우리나라 떡 산업의 발전과 세계화에 앞장서고 있습니다.

쌀가루, 앙금, 화과자
본사 : 전북 군산시 서수면 마룡리 93-19 전화 063-450-3500 팩스 063-450-3519
서울영업소 : 서울 서초구 서초동 1363-15 세용빌딩 3층 전화 02-597-8071 팩스 02-597-8074

대우공업사
www.bakingmall.com

떡 · 한과 관련도구 및 제과기계, 기구 전문점으로 질 높은 딤섬 및 글자판 등을 직접 수입, 판매하며 다식, 약과틀 및 떡판, 차탁 등을 포함한 소도구를 저렴한 가격에 인터넷과 방산시장 매장에서 판매하고 있습니다.

제과 제빵 기계, 소도구 및 떡 도구
서울 중구 방산동 4-75호 전화 02-2267-4000 팩스 02-2274-0149

대창공업사
www.dcst.co.kr

30년 전통의 기술력과 전문성을 바탕으로 신개념을 적용한 떡 찌는 파워스팀기와 이음새 없는 통시루를 국내 최초로 개발 및 보급하고 있습니다.

떡시루, 쌀세미기, 파워스팀찜기
서울시 동대문구 용두동 40-4 전화 02-962-4366 팩스 02-967-9545

대풍공업사
www.dpcorp.co.kr

방산시장 제과골목에 있으며 떡, 한과, 제과, 피자 기구 및 기계 취급 전문점으로, 특히 떡 데코에 새로운 아이디어를 제공하면 상담 후 조치 가능합니다.

떡 · 한과 · 제과제빵 소도구 및 기계
서울 중구 방산동 4-74 전화 02-2269-8066 팩스 02-2268-9866

(주)델리스
www.delimanjoo.com

신선도 유지와 제품의 고급화 그리고 위생적인 포장을 위한 자동각절 포장기는 한과와 떡 제품의 자동 포장이 가능합니다. ETL, NSF 등 미국과 유럽의 식품기계와 관련된 산업 인증을 획득하였으며 고객서비스의 질을 높이고 있습니다

델리만쥬, 델리호도과자, 자동각절포장지, 떡절단기
경기도 성남시 중원구 상대원동135-5 전화 031-777-4400 팩스 031-735-4505

두리모형
www.dooritech.kr

진짜같은 가짜를 만드는 두리모형은 떡 · 한과, 폐백이바지음식, 혼례상, 회갑상, 제사상, 전통음식, 향토음식, 박물관, 전시관, 홍보관 등의 전시용 모형, 식품모형을 주문제작 공급하는 모형전문업체로 정교한 모형제품을 구입할 수 있습니다.

음식모형, 전시모형, 설계 및 시공제작
서울 성동구 성수2가 271-6 전화 02-3409-0651-2 팩스 02-3409-0653

매창전통음식연구원
www.maechang.me

우리 전통의 맛을 세련되고 품위 있게, 禮를 다한 정성으로 귀댁의 혼사에 행복을 드립니다. 저희 매창전통음식연구원은 정직한 재료로 만든 폐백이바지, 수제떡, 한과 전문매장입니다. 개인 및 그룹지도 가능합니다.

떡, 한과, 폐백이바지
대구 달서구 상인2동 228-12 전화 053-638-4321 팩스 053-638-4321

반가빈
www.bangabin.co.kr

반(班)가(家)빈(賓)은 경사스런 혼례를 준비하시는 귀한 분들을 명문가의 품격으로 정성스럽게 모신다는 뜻입니다. "전통의 몸에 현대의 옷을 입힌다." 는 슬로건 아래, 고유의 맛과 멋을 살리며 현대적인 감각에 맞는 혼례음식과 떡, 한과를 만드는 업체입니다.

폐백이바지, 떡, 한과
서울시 강남구 청담동 118-17 네이처포엠 빌딩 506호 전화 02-517-3989 팩스 02-517-3978

백설기
www.snowrice.com

'예의 바른 맛' 의 슬로건 아래 백설기의 모든 상품은 전통음식전문가들의 섬세한 손길을 거쳐 만들어집니다. (사)한국전통음식연구소 떡한과, 폐백이바지 1급 지도사들로 구성된 전통음식 전문가들이 좋은 재료로 정성을 들여 만들기 때문에 맛과 품질에서 앞서갑니다.

떡, 한과, 폐백이바지, 선물답례떡
인천광역시 부평구 부평동 546-1 2층 전화 080-041-1004 팩스 032-522-2136

삼미자동기계
www.ddukkike.com

떡 제조에 필요한 최상의 기계를 생산하는 삼미식품기계는 보기 좋고 먹기 좋은 떡을 만들 수 있도록 제조의 편리함과 위생문제까지 한 번에 해결하실 수 있는 최선의 선택이 될 것을 약속드립니다.

떡 제조 기계
경기도 하남시 초이동 198-16 전화 02-428-3077 팩스 02-428-3076

새로포장
www.saeropack.co.kr

식품포장전문업체 새로포장은 '깨끗한 포장재, 심플한 디자인' 의 기업 이념으로 떡한과 포장, 제과포장에 필요한 모든 것이 준비되어 있습니다. 고객이 원하시는 제품을 맞춤 제작합니다.

식품포장지, 포장재, 봉투, 박스
서울 중구 방산동 62-3 전화 02-2274-1431 팩스 02-2265-8414

(주)수라당

www.suradang.com

수라당은 우리의 전통음식인 떡한과, 폐백이바지 음식을 고유의 아름다운 색과 깊은 맛을 살리기 위해 정성을 다해 신선하고 맛있는 제품을 만들고 있습니다.

떡, 한과, 폐백이바지
경기도 부천시 오정구 원종동 313-10 전화 032-675-2335 팩스 032-672-2678

예주병과

우리 떡의 새로운 맛과 문화를 빚어내는 예주병과입니다. 퓨전떡 전문업체입니다.

떡, 답례떡, 퓨전떡
경기도 성남시 중원구 상대원1동 333-7 금강펜테리움 1T타워 B233호
전화 031-730-0941 팩스 031-730-0943

자미수

www.jamisoo.co.kr

자미수는 조상의 얼과 맥을 찾아 엄선된 좋은 재료를 가지고 최고의 솜씨로 정성을 다해 예부터 전해 내려오는 궁중과 사대부가의 기법을 그대로 살려, 정갈하고 단아하며 격조 있는 상품으로 여러분께 다가갑니다.

떡한과, 육포 및 폐백이바지, 답례떡
서울 강서구 공항동 1364-1 1층 전화 02-2662-8383 팩스 02-2662-8338

해오름떡방

우리의 전통음식 맛있고 예쁜떡, 특별한 날에 떡으로 선물하세요. 언제나 천연재료를 사용하여 예쁘고 맛있는 고급떡을 만들고 있습니다.

떡, 답례떡
대구 북구 칠성2가 2동 침산 1차 푸르지오상가 106동 103호 전화 053-341-2363, 018-711-2363

홍익떡집

홍익떡집은 '자연으로 빚은 맛'을 모토로 천연재료의 맛과 영양을 드시는 분들에게 그대로 전해드리기 위해 노력하고 있습니다. 좋은 재료로 정성을 담아 빚은 떡 하나하나에 삼대에 걸친 20여년의 경험과 노력이 담겨 있습니다.

떡한과, 폐백이바지, 답례떡
경기도 과천시 원문동 4번지 래미안 슈르상가 A-1033호 전화 02-757-3340, 02-507-3340

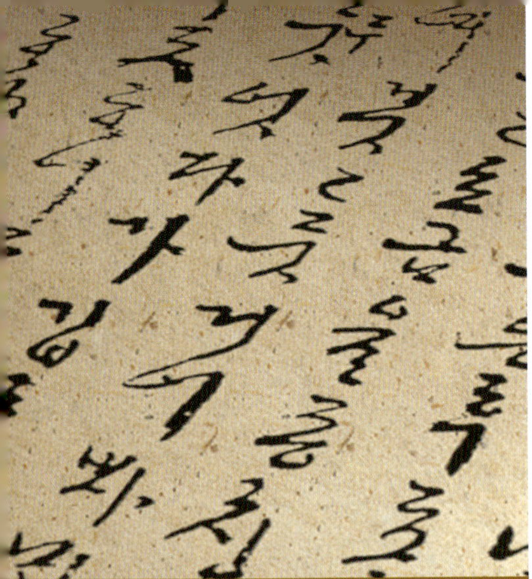

참고문헌

1. 『향약구급방(鄕藥救急方)』 1236.
2. 『본초강목(本草綱目)』 1590.
3. 허준, 『동의보감(東醫寶鑑)』 1610.
4. 안동장씨, 『음식지미방(飮食知味方)』 1670.
5. 유중림, 『증보산림경제(增補山林經濟)』 1766.
6. 유득공, 『경도잡지(京都雜誌)』 1700년대 말엽.
7. 빙허각이씨 원저(1815), 정량원 역주, 『규합총서(閨閤叢書)』 보진재, 1986.
8. 홍석모, 『동국세시기(東國歲時記)』 1849.
9. 저자미상, 『시의전서(是議全書)』 1800년대 말엽
10. 방신영, 『조선요리제법(朝鮮料理製法)』 한성도서출판사, 1913
11. 이용기, 『조선무쌍신식요리제법(朝鮮無雙新式料理製法)』 영창서관, 1943
12. 방신영, 『우리나라 음식만드는 법』 1958.
13. 한희순 외 2人, 『이조궁정요리통고(李朝宮廷料理通攷)』 1957
14. 『전통향토음식조사연구보고서 Ⅰ, Ⅱ』 1973~1979.
15. 강인희, 『한국식생활풍속』 삼영사, 1978.
16. 이성우, 『고려이전의 한국식생활사 연구』 향문사, 1978.
17. 황혜성, 『궁중음식 향토음식』 홍보문화사, 1980
18. 이성우, 『한국식경대전』 향문사, 1981.
19. 『한국민속대관』 고려대학교 민족문화연구소, 1982.
20. 이성우, 『한국식품사회사』 교문사, 1985.
21. 이성우, 『한국요리문화사』 교문사, 1985.
22. 왕준련, 『한국요리백과(Ⅲ)』 범한출판사, 1986.
23. 강인희, 『한국의 맛』 대한교과서주식회사, 1987.
24. 윤숙자, 『한국전통음식 우리맛』 강원일보사, 1990.
25. 한국민속사전 편찬위원회, 『한국민속대사전』 민족문화사, 1991.
26. 염초애 • 윤숙자, 『한국음식』 효일문화사, 1992.
27. 홍문화, 『보약이 되는 음식이야기』 도서출판 두로, 1995
28. 김기숙 · 한경선, 『교양을 위한 음식과 식생활문화』 대한교과서, 1997.
29. 강인희,『한국의 떡과 과줄』 대한교과서, 1997.
30. 윤숙자, 『떡 · 한과 · 음청류』 지구문화사, 1998.

찾아보기

전통음식의 전수 · 보급과 대중화 · 세계화를 위한 전문교육기관

(사)한국전통음식연구소 부설 평생교육원

(사)한국전통음식연구소 부설 평생교육원에서는 훌륭한 강사진을 모시고 최상의 전문화된 시설에서 전통음식의 이론과 실기를 기초부터 실제까지 체계적이고 전문적으로 배울 수 있는 다양한 교육프로그램을 운영하고 있습니다. 떡 · 한과, 폐백 · 이바지, 전통음식, 궁중음식, 전통민속주, 차와 음청류, 장 · 장아찌, 약선음식, 보양죽, 김치반, 어린이 떡교육 지도사, 떡카페 창업반 등 다양하고 전문화된 수업을 많은 분들이 참여할 수 있도록 저렴한 교육비로 주 1회 3시간, 3개월 과정으로 진행됩니다. 특히 우리의 떡을 쉽고 재미있게 지도합니다.

www.kfr.or.kr Tel. 02-741-5414 Fax. 02-741-5435

평생교육원 프로그램 안내

<table>
<tr><td rowspan="5">정규과정</td><td>전문가 과정</td><td>떡 · 한과
폐백 · 이바지</td><td>일반
중급
고급
연구</td><td rowspan="5">개강
1월
4월
7월
10월</td></tr>
<tr><td rowspan="4">일반 과정</td><td colspan="2">전통음식</td></tr>
<tr><td colspan="2">궁중음식(일반, 전문)</td></tr>
<tr><td colspan="2">차와 음청류</td></tr>
<tr><td colspan="2">전통민속주(일반, 전문)</td></tr>
</table>

<table>
<tr><td rowspan="7">특별과정</td><td>장류(간장, 된장, 고추장)</td><td>1월 개강</td></tr>
<tr><td>한방 · 약선음식</td><td>4월 개강</td></tr>
<tr><td>보양죽상차림</td><td>7월 개강</td></tr>
<tr><td>김치</td><td>10월 개강</td></tr>
<tr><td>카빙반</td><td></td></tr>
<tr><td>어린이 떡교육 지도사반</td><td></td></tr>
<tr><td>떡카페 창업반</td><td></td></tr>
</table>

· 각 과정은 반별로 50명 정원이며 접수마감은 개강 전까지 선착순 마감입니다.

조리학계의 지도자를 양성하는 4년제 학사과정

식품조리학과

식품조리의 전문 지식과 조리기능을 보유한 인재양성을 위한 학점은행제 학사과정 식품조리학과는 2002년에 설립되어 깊은 학문적 지식과 풍부한 현장 경험을 보유한 교수진들의 지도 아래 조리학계의 전문인 및 유능한 지도자를 양성하는 교육기관입니다.

www.kfr.or.kr Tel. 02-741-5477 Fax. 02-741-5415

우리 떡의 역사를 한눈에 만날 수 있는 산 교육장

떡박물관

떡박물관에는 윤숙자 소장이 20여 년간에 걸쳐 수집해 온 사라져 가는 우리네 옛 부엌살림과 떡 관련 소장품을 주제별, 재료별, 용도별로 전시하고 있습니다. 또한 전국 팔도의 향토떡과 전통차, 민속주 등도 전시하여 우리 조상들의 지혜롭고 슬기로웠던 삶의 모습과 숨결을 느낄 수 있는 체험의 공간이자 산 교육장입니다.
*관람시간 : 월~토요일 10:00~17:00 / 일요일 12:00~17:00

www.tkmuseum.or.kr Tel. 02-741-5447 Fax. 02-741-7848

아름다운 떡과 차의 향기가 있는 곳

떡카페 질시루

예쁘고 맛있는 떡과 차가 있는 떡카페 질시루는 한국의 문화와 전통의 향기를 느낄 수 있는 특별한 만남의 공간입니다. 질시루에서는 아름답고 맛있는 우리 떡과 한과, 전통차를 직접 즐기실 수 있으며, 다양한 떡케이크와 예쁘고 고급스런 떡 · 한과 선물세트도 구입하실 수 있습니다.

www.jilsr.com 본점 02-741-0258 인사점 02-733-5477 Fax. 02-741-8258

떡이 있는 풍경

초판 인쇄 2014년 4월 25일
초판 발행 2014년 5월 1일

지은이 윤숙자
펴낸이 주병오
펴낸곳 지구문화 JIGU CULTURE

출판등록 1979년 7월 13일 제 9-57호
주소 경기도 파주시 회동길 209
파주출판문화정보산업단지
영업부 (031) 955-7566 • 7577
편집부 (031) 955-7731~3
FAX (031) 955-7730
홈페이지 www.ji-gu.co.kr

디자인 인디콤(02-3141-9706)
사진 윤종상, 백경호
인쇄 (주)새한문화사

값 28,000원
ISBN 978-89-7006-703-2